部长访谈录
"十三五"规划热点面对面

新华社中央新闻采访中心 编

人民出版社

目 录

CONTENTS

发展改革委

| 部长通道 |

教育部

| 部长通道 |

科技部

| 直面热点 |

提高科技创新能力，深化科技军民融合，破除成果转化障碍

工业和信息化部

| 部长通道 |

| 部长访谈 |

不断增加企业和群众的获得感

民政部

| 部长通道 |

司法部

| 部长通道 |

财政部

| 直面热点 |

人力资源社会保障部

| 部长通道 |

国土资源部

| 部长通道 |

环境保护部

| 直面热点 |

住房城乡建设部

| 部长通道 |

| 直面热点 |

交通运输部

| 部长访谈 |

| 部长通道 |

商务部

| 部长通道 |

文化部

| 部长通道 |

| 部长访谈 |

卫生计生委

| 部长通道 |

| 直面热点 |

一行三会

| 直面热点 |

国资委

| 部长通道 |

| 直面热点 |

海关总署

| 部长通道 |

工商总局

| 部长访谈 |

质检总局

邮政局

发展改革委

FAZHANGAIGEWEI

部长通道

用创新引领供给侧结构性改革

列席十二届全国人大四次会议第三次全体会议的发改委主任徐绍史 2016 年 3 月 13 日在经过"部长通道"时表示，加强供给侧结构性改革，需要靠创新来引领。

徐绍史说，全球经济复苏乏力，增长缓慢，但是新技术、新产业、新业态、新产品发展快速，国际普遍将经济复苏寄希望于科技革命和产业的突破。

"这一轮创新正好与我国创新驱动战略历史性地交汇了，为我们提供了一个机会窗口，我们要迎头赶上，有些领域要跟踪，有些领域要平行，有些领域要争取领先。"徐绍史说。

他说，今年的"双创"相信还有更大的发展空间，政府要进一步简政放权，激发更多市场主体的活力，同时创造更好市场环境和制度环境，还要加强金融支持，进一步发展天使投资、创业投资、产业投资等。

（新华社记者刘奕湛、陈国洲）

供给侧改革是主线　经济绝不会"硬着陆"

——国家发改委主任徐绍史答记者问

2016 年 3 月 6 日上午，十二届全国人大四次会议迎来在梅地亚中心的首场记者会。国家发展和改革委员会主任徐绍史围绕中国"十三五"规划纲要草案，回应了海内外媒体关心的中国经济增速放缓、供给侧结构性改革、房地产去库存等热点问题。

供给侧结构性改革贯穿"十三五"规划

"十三五"规划无疑是今年两会的热点。徐绍史说，"十三五"规划在我国经济社会发展中具有特殊重大意义，规划的目标就是全面建成小康社会，实现第一个百年目标。供给侧结构性改革是贯穿"十三五"规划的一条主线。

"我们必须用改革的办法推进结构性调整，来矫正要素配置的扭曲，扩大有效供给，提高供给结构对需求变化的适应性和灵活性，这样才能更好满足人民群众需要，促进经济社会持续发展。"他说。

徐绍史说，推动结构性改革有明确的理念和清晰的思路，也有具体任务。明确的理念就是"创新、协调、绿色、开放、共享"；清晰的思路就是五大政策——"宏观政策要稳，产业政策要准，微观政策要活，改革政策要实，社会政策要托底"；具体任务重点五大项——"去产能、去库存、去杠杆、降成本、补短板"。目前各项工作正在顺利推进。

中国经济绝对不会"硬着陆"

谈到外界"中国经济'硬着陆'不可避免"的说法，徐绍史认为，中国经济具有较强的内在支撑弹性空间和抵御风险的能力，具备物质基础雄厚、市场需求巨大、区域发展空间广阔、生产要素质量提升、宏观调控经验丰富等五方面有利条件，完全有能力运行在合理的区间。"中国经济是绝对不会'硬着陆'的，所谓'硬着陆'的预言，是一定要落空的。"

"还有人说'中国经济拖累了世界经济的发展'，我觉得不存在这种现象。"他指出，中国经济增速在世界主要经济体中仍位居前列，在速度、进口、投资、增长贡献率等方面对世界经济贡献十分明显。尽管 2016 年中国经济面临的风险不容低估，但目前中国在政策工具箱里有充足的政策储备，而且还在不断地研究充实。"我们有条件、有能力、有信心使 2016 年的中国经济运行在合理的区间。"

因地制宜化解 7 亿多平米房地产库存

徐绍史说，中国正面临艰巨的房地产去库存任务，到 2015 年末全国商品房待售总面积 7.19 亿平方米，要化解高库存并非易事。

他提出，可以考虑三方面推进：一是加快农民工市民化进度扩大住房需求，同时加快城市棚户区改造和保障房建设等进度，更多采用货币化安置收购存量用房；二是深化住房制度改革，构建购和租并举的住房制度；三是要因地制宜地进行调控。此外，还可采取一些经济政策增加住房供地、加快推进保障房建设和棚改等，并抑制不合理的投机性需求。

"我们要有耐心，要因地制宜地施策。我相信，通过一段时间的努力，它能够达到预期的目标。"徐绍史说。

不存在"国企抵制结构性改革"

针对有外媒记者提及"国企抵制结构性改革",徐绍史认为这种情况并不存在。"国企改革有它的难度,因为涉及利益格局调整和体制机制创新等,但我们都是拥护全面深化改革决定的。"徐绍史表示,去年是国企改革的"方案制定年",成果非常丰硕的。

他透露,国企改革实际已经展开,国资委管理的央企从 112 家减少到 106 家,中远和中海、招商局集团和中外运长航集团等 6 对共 12 户中央企业进行了合并重组。

徐绍史说,今年是国企改革任务落实年,将持续推进各项改革和试点。"虽会有一定的难度,我们会跟企业共同努力,更好地来推动这些方面的改革。"

更好发挥投资的关键作用

"要更好地发挥投资的关键作用,增加有效投资,来补短板、调结构,这也是我们政策工具箱里的一项政策。"谈到如何在应对经济下行压力中发挥投资的关键作用,徐绍史说。

他表示,今年中央预算内投资安排 5000 亿元,将会抓住一些关键领域和薄弱环节,着力调结构、补短板,重点支持保障性安居工程、粮食水利、中西部铁路、科技创新、节能环保和生态建设等。

在国际方面,徐绍史表示,今年将与"一带一路"布局中已经签订合作备忘录的国家作出具体安排,推进一些重要的走廊建设。采取更多的措施推进国际产能合作,在铁路建设、优势产能转移等方面争取更多实质性进展。

(新华社记者韩洁、罗沙、李汶羲)

深度解读

解读之一：打赢供给侧结构性改革这场硬仗

——代表委员热议习近平总书记关于供给侧
结构性改革重要讲话

"推进供给侧结构性改革，是一场硬仗""要按照'三去一降一补'要求，加快产业结构调整""在贯彻新发展理念中寻找机遇、打造亮点、拓展优势"……

全国两会期间，习近平总书记在参加十二届全国人大四次会议一些代表团审议时的讲话，为供给侧结构性改革的推进指明了道路和方向，坚定了决心与信心。

做好"加减法" 加快产业结构调整

"要把握好'加法'和'减法'、当前和长远、力度和节奏、主要矛盾和次要矛盾、政府和市场的关系，以锐意进取、敢于担当的精神状态，脚踏实地、真抓实干的工作作风，打赢这场硬仗。"3月8日，习近平总书记在湖南代表团参加审议时说。

化解过剩产能是今年供给侧结构性改革的首要任务。3月8日下午，围绕"积极稳妥做好去产能过程中的人员安置工作扎实推进供给侧结构性改革"的主题，全国政协十二届四次会议提案办理协商会举行。

"要大力推进社保全国统筹，真正实现在哪里就业，就在哪里参加社会保障"；"要认真兑现社会政策要托底的承诺，确保不让一名下岗职工因去产能而没饭吃"；"优化教育培训，为再就业创造更大空间"……

"80% 关于去产能的提案都与职工安置有关，这正说明做好去产能工作的复杂性。"人力资源和社会保障部副部长信长星作为提案承办单位负责人参加了协商会。"下一步将吸收建议完善政策，确保职工平稳过渡，改革顺利推进。"

"去产能非做不可，不做可能会带来更大损失；如果能按预期完成，将给经济转型升级带来巨大空间。"全国政协委员李毅中说。

"在政策与市场调整的窗口期，加快新旧动能的转换，尽快渡过阵痛期。"全国人大代表、河北省省长张庆伟说，今年河北将压减炼铁产能 1000 万吨、炼钢产能 800 万吨，力促一批产能加快出清。同时制订了详细的职工安置方案，把企业社保缴费比例由 3% 降到 1%，向企业发放失业保险金。

做好减法的同时，也要做好加法。全国人大代表、经济学家辜胜阻说，供给侧结构性改革首先就是要把资源要素从产能过剩行业企业中释放出来，为新兴产业输送更多劳动力、资本和技术。

"我们已经从供给侧结构性改革中尝到了甜头。"全国人大代表、江苏阜宁县委书记顾云岭说，作为传统农业大县，近几年阜宁县推进新兴产业引领工业跨越赶超，去年风电装备销售额增长了 102%，光伏产业销售额增长了 62%。"未来将进一步推进供给侧结构性改革，抓住机遇，赢得更多发展空间。"

"老百姓不是没有需求，而是供应满足不了需求。"全国政协委员、天津大通投资集团董事长李占通说，"中国有巨大的市场有待开发。企业要从需求出发，专业求精，做电饭锅的企业好好把电饭锅做好，做马桶盖的企业把马桶盖做好。"

全国人大代表、江苏宿迁广博控股集团有限公司董事长王利平希望政府能够在供给侧结构性改革中扮演"红娘"的角色。"帮助引导企业通过并购、重组等形式强强联手，做大做强。"

创新引领发展　加快培育新动能

3月5日，习近平在参加上海代表团审议时强调，创新发展理念首要的是创新。要抓住时机，瞄准世界科技前沿，全面提升自主创新能力，力争在基础科技领域作出大的创新、在关键核心技术领域取得大的突破。要以更加开放的视野引进和集聚人才，加快集聚一批站在行业科技前沿、具有国际视野的领军人才。

"第一代服务器销路还很好，我们已投资12亿元研发第二代，并开始规划第三代。"全国人大代表、浪潮集团董事长孙丕恕说，为了站在产业前沿，浪潮每年将销售收入的7%至8%投向研发。"阶段性目标是提升至10%。我们要确保核心技术和核心产品始终跑在用户需求的前面。"

全社会研发经费投入强度达到2.5%、科技进步对经济增长贡献率达到60%、战略性新兴产业增加值占国内生产总值比重达15%……"十三五"规划纲要草案中提出的目标令人鼓舞。

全国人大代表、清华大学原子分子纳米科学研究中心主任李家明说，今后五年，随着科技进步对经济增长贡献率不断提升，科技创新将逐步成为全社会普遍共识，科学知识、技术能力、科学管理等创新要素将极大丰富，对国民经济形成巨大的推动力。

"创新是实实在在干出来的。"全国政协委员、重庆市科学技术研究院院长潘复生说，创新目标明确具体，创新措施针对性强，关键要实实在在推进这些措施，充分发挥科技创新在全面创新中的引领作用。

"十三五"期间，江苏省将建设具有国际影响力的产业科技创新中心和具有国际竞争力的现代制造业基地。"这是推进供给侧结构性改革的应有之义，也是企业应重点抓住的转型升级支撑。"全国人大代表，江苏省经信委主任徐一平说。

改革破除体制机制障碍　释放制度红利

3月7日，习近平在黑龙江代表团参加审议时说，全面深化改革，冲破束缚各方面创造活力的体制机制障碍。

徐一平代表说，今年2月底，江苏省打出降成本"组合拳"，通过32条具体措施降低企业用工、用能、用地、物流、融资、税费、交易等成本，预计将为全省企业直接降低成本600亿元左右。

"通过改革举措，让成本降下来，企业可以将更多资金投入创新研发，推动产业链从低端迈向中高端，达到供给侧对需求侧新的平衡，让企业更好、更健康发展。"徐一平说。

供给侧结构性改革的推进，归根结底要落在"改革"二字。"我们必须用改革的办法推进结构调整，来矫正要素配置的扭曲，扩大有效供给，提高供给结构对需求变化的适应性和灵活性，这样才能更好满足人民群众需要，促进经济社会持续发展。"国家发展改革委主任徐绍史说。

"十八大以来的简政放权极大地激发了民营经济的活力。"全国政协委员、三胞集团董事长袁亚非说，过去海外投资审批，少则三个月，多则一年。但2014年三胞集团收购一家英国公司时，从申报到完成审批，只用了两个多月。"这样的审批效率连外国人都很吃惊。"

全国政协委员、清华大学教授白重恩说，推进供给侧结构性改革，根本还是要让企业真正成为市场的主体。"提高供给侧效率和质量，需要简政放权来使规则公平透明，需要让市场发挥决定性作用，让企业在优胜劣汰中找到发展方向，也需要政府更好发挥作用，创造公平良好的市场环境。"

全国政协委员、林达集团董事局主席李晓林说，中小企业融资难、融资贵；电力、通信、石油、天然气等行业准入门槛依然较高；行政事业性收费和中介收费虽取消了不少，但还存在一些问题。"相信通过改革向深入推进，这些问题一定能够解决。一个更加有利于创业创新的新时期将伴随着'十三五'大步前行。"

（新华社记者安蓓、李延霞、吴雨）

解读之二：五大理念是"十三五"发展思想灵魂

——国家发展改革委主任徐绍史介绍"十三五"规划纲要编制相关情况

中国经济社会发展"十三五"规划备受关注。在国务院新闻办公室2015年11月3日举行的新闻发布会上，国家发展改革委主任徐绍史介绍了当日发布的《中共中央关于制定国民经济和社会发展第十三个五年规划的建议》（以下简称《建议》）要点，并介绍了"十三五"规划纲要编制相关情况。

五大理念是"十三五"发展思想灵魂

《建议》提出了创新、协调、绿色、开放、共享的发展理念。徐绍史说，五大理念是对中国特色社会主义建设实践的深刻总结，是对中国特色社会主义发展理论内涵的丰富和提升，也是指导"十三五"规划编制和"十三五"发展的思想灵魂。

《建议》还提出了全面建成小康社会新的目标要求。徐绍史说，这些目标的设定具有三个特点：

一是符合国情。深入分析了国内国外发展环境，充分考虑"十二五"发展的延续性，又与时俱进、因应时势丰富了目标内涵。经济保持中高速增长的目标，不仅要实现国内生产总值和城乡居民收入翻番的既定目标，还必须建立在提高发展平衡性、包容性、可持续性的基础上，充分体现新常态下必须更加注重经济增长的质量和效益。

二是贴近百姓。目标要求把增进人民福祉、促进人的全面发展作为发展的出发点和落脚点，《建议》提出了户籍人口城镇化率加快提高、公共服务体系更加健全、基本公共服务均等化水平稳步提高、公共文化服务体系基本建成等目标。这些目标都是人民群众最关心，也是各级政府需要做的，使人民群众看得见、能受惠的实事。

三是问题导向。《建议》在目标设定上突出了全面建成小康社会的难点和短板。《建议》提出了收入差距的缩小，农村贫困人口实现脱贫，贫困县全部摘帽，还提出了主要污染物排放总量大幅度减少，生态环境质量总体改善等目标要求。

实施创新驱动面临三大任务

徐绍史说，创新是五大发展理念之首。当前，深入实施创新驱动发展战略有三方面任务。

在全面深化改革方面，既要推动体制机制改革，创造良好的制度环境，也要深化政府自身改革，创造良好的营商环境。

在激发创新活力、增强创新能力方面，他说，一是要在重大创新领域组建一批国家实验室；二是加快形成一批具有国际竞争力的创新型领军企业，并支持科技型中小企业的健康发展；三是在有条件的省区市系统地推进全面创新的改革试验，努力在关键环节和重点领域取得突破；四是加强国家创新能力建设，建设一批产业技术创新平台；五是大力培育和发展战略性新兴产业。

在推动大众创业、万众创新方面，他说，要利用"互联网＋"、云计算、大数据等，进一步为双创提供支撑平台。

提高户籍人口城镇化率是核心目标

城镇化是发展中大国的重要课题。徐绍史说，提高户籍人口城镇化率是新型城镇化的核心目标。城镇化是稳增长与调结构的黄金结合点，城镇化最重要的问题还是人的城镇化。

他说，一方面要拓宽渠道，让有意愿、有能力的农业转移人口在城镇落户。2014年，国务院印发了户籍制度改革意见，目前已有25个省区市出台了户籍制度改革方案，我们要求到2015年底每个省区市都必须出台方案。另一方面，要加快财政转移支付与农业转移人口市民化挂钩、城镇建设用地新增指标与农业转移人口落户数挂钩、中央基建投资安排与农业转移人口市民化挂钩。通过这三个挂钩，鼓励城镇政府吸收农业转移人口在城镇落户。

三大措施推动绿色发展

"十二五"以来，我国在资源节约、环境保护方面取得重要进展，但仍然存在一些问题。徐绍史说，雾霾现象仍然比较严重，水、大气、土地污染等问题必须重视。在绿色发展方面，我国将采取多项措施。

他说，一是低碳发展，提高非化石能源占比，鼓励煤炭清洁利用，形成清洁低碳、安全高效的能源体系。京津冀区域的目标是，到2017年煤炭利用零增长甚至负增长。二是节约高效利用资源，强化约束性指标管理，从总量和强度两方面来控制。三是采取市场化管理手段，确定水耗、能耗、地耗标准，开展水权、碳排放权的交易。

（新华社记者陈炜伟、赵超）

解读之三："十三五"6.5%以上增速目标是如何确定的？

"十三五"时期是我国全面建成小康社会的决胜阶段，中国经济能否保持中高速增长备受各方关注。"十三五"规划纲要草案提出，

"十三五"时期经济年均增长保持在 6.5% 以上。那么，这一年均增速的底线目标是如何确定的？

"GDP 增速是整个指标体系中的重要指标，其他很多指标都与之紧密相关，其制定过程经过了反复推敲和论证。"国家发展改革委发展规划司副司长岳修虎 3 月 7 日向新华社记者介绍说。

首先要对未来五年我国经济潜在增长率进行研判。一国经济增速超过其潜在增长率会付出一些代价，但低于潜在增长率就可能出现就业不充分、资源要素利用不充分等问题，也不是一个好的选择。

岳修虎表示，在"十三五"规划纲要草案编制过程中，我们委托相关专家对中国经济"十三五"时期潜在增长率进行了"背靠背"的研究，同时搜集了国际组织、市场分析人士等各方对潜在增长率的研究成果。"绝大多数研究都在 6%—8% 之间，大部分在 7% 左右。"

在此基础上，起草组在相关模型中分别按年均增速 6.5%、7%、7.5% 三种方案进行了论证，统筹考虑投资、消费、进出口、财政等各项指标的增长情况，考察能否满足就业、收入、资源环境支撑以及国际环境变化等方面的需要。

岳修虎表示，实现到 2020 年国内生产总值和居民收入翻番的目标，必须要有一定的发展速度。考虑到"十二五"期间我国年均实际经济增长为 7.8%，未来五年实现"两个翻一番"目标，"十三五"期间年均增速需达到 6.54%。"6.5% 以上"的增速目标满足了这种需要，从前期研究来看，也是我们有条件、有信心实现的。

此外，当前世界经济不确定性因素增多，"6.5% 以上"增加了经济增速弹性范围，为应对国际环境变化以及国内转方式、调结构留下空间。

（新华社记者王希、陈炜伟）

教育部

JIAOYUBU

全面二孩实施后预计每年
新增 300 万儿童　学前教育面临压力

教育部部长袁贵仁 2016 年 3 月 5 日在列席当天开幕的十二届全国人大四次会议前经过"部长通道"时表示，全面二孩政策实施后，有关方面预计每年会新增 300 万名儿童，学前教育将面临较大压力。

袁贵仁说："2015 年我国学前教育毛入学率达到 75%，比 5 年前提高了 24 个百分点，比'十二五'规划中 60% 的目标高了 15 个百分点。"据了解，学前教育三年行动计划已连续实施两期，中央财政投入 700 多亿元，支持贫困地区学前教育发展。

谈到即将到来的学前教育入园压力，袁贵仁表示，首先要做好规划合理布局，把人口变化和教育结合起来，做好学前教育规划，合理布局学前教育机构；扩大学前教育资源，大力发展公办幼儿园，积极支持企事业单位举办幼儿园，采用政府购买的措施来扶持民办幼儿园，还可以根据学龄人口变化，在有条件的小学附属办学前班；多种形式加强教师队伍建设，加大学前教育教师的招生培养，加速在职学前教育人员的培训，推行学前教育特岗计划和支援计划，在沙漠、林区、山区、水区、牧区等地也可施行教师走教。

"最后是加强规范，确保孩子的健康安全，努力实施好新颁布的幼儿园工作规程，不断提高幼儿教育水平，幼儿学校的治理能力。"袁贵仁说。

（新华社记者刘奕湛、罗沙）

授予长期坚守的乡村教师荣誉称号

教育部部长袁贵仁 2016 年 3 月 3 日在人民大会堂说，乡村教师支撑了中国的乡村教育，为乡村孩子打通上升渠道作出了巨大奉献和牺牲，国家将给予长期坚守的乡村教师荣誉称号。

袁贵仁在列席全国政协十二届四次会议前经过"部长通道"时说，目前城乡教育还存在明显差别，而解决农村教育问题的关键在于教师。去年国家出台《乡村教师支持计划（2015—2020 年)》，"文件本身就表明了中央对这件事情的关心"。

他说，对于乡村教师队伍建设，国家有多项支持措施，包括输送更多的师资、鼓励大学生志愿去乡村服务、出台乡村教师补贴政策、启动国家培训计划等。

袁贵仁说，国家不仅为乡村教师提高工资待遇、改善住房条件，还将为在乡村坚守 10 年、20 年、30 年的教师分别授予荣誉称号，肯定他们的成绩，"他们应该得到社会的关注和尊重"。

（新华社记者白洁、安蓓）

多校划片不是长远举措
择校问题最终要靠均衡发展

中国教育部部长袁贵仁 2016 年 3 月 3 日接受采访时表示，多校划片是各地探索解决单校划片产生问题的具体举措之一，不是一个长远举措，最终的解决要靠教育的发展、教育的改革，特别是义务教育的均衡发展。

袁贵仁在人民大会堂"部长通道"接受媒体采访时说，教育资源的不均衡是历史造成的客观事实，单校划片是多年来十几个大城市采取的主要举措。"后来发现这也是一个问题，所以为了满足大家的要求，各地探索出多校划片的举措。"

袁贵仁特别提出，今年教育部办公厅的通知已经说明，各地具体采取什么措施，由老百姓说了算。单校划片或者多校划片，都是为了让家长们满意，是为了均衡教育资源探索出来的办法，各地要采取尊重群众意愿的举措。

"我们要不断地让人民满意、以人民为中心来安排我们的工作……最终的解决要靠教育的发展、教育的改革，特别是靠义务教育的均衡发展。"袁贵仁说。

（新华社记者林如萱、刘林、白靖利）

让乡村教师下得去、留得住、教得好

教育部部长袁贵仁 2016 年 3 月 3 日回应媒体关于农村教育的问题时表示，未来几年政策将继续向农村教育倾斜，除了硬件配套，还将加大乡村教师培养力度，让乡村教师下得去、留得住、教得好。

袁贵仁在人民大会堂"部长通道"接受媒体采访时说，师资力量是决定教学质量的一个关键，乡村教师作为社会各界关注的热点，国家采取了很多措施来解决目前农村教育在全国教育中存在的明显差距。

根据国务院去年出台的《乡村教师支持计划（2015—2020 年)》，教育部现在主要推动地方的师范院校为当地的乡村学校培养乡村教师。"因为他们是本地、本乡的人，对家乡有更深的感情，可以下得去、留得住、教得好。"据介绍，目前已有 21 个省的 100 余所高校开始每年招生 3 万人，为乡村学校输送人才。

袁贵仁表示，作为配套措施，教育部鼓励大学毕业生到乡村支教，每年大约有 6 万名大学毕业生加入这个"志愿服务计划"，这几年下来每年每一批约有九成学生留在当地继续任教。同时，各省出台相应的乡村教师补贴政策，让乡村教师愿意留下。

"这些教师支撑了中国的乡村教育，他们为乡村孩子打通上学通道作出了巨大的贡献和牺牲。他们应该得到社会的尊重。"袁贵仁说。

（新华社记者林如萱、刘林、白靖利）

直面热点

我国教育总体水平已进入世界中上行列

——教育部部长袁贵仁答记者问

"教育总体水平什么样？""普通高校如何转型？""义务教育年限是否会变？"……10 日下午，教育部部长袁贵仁在十二届全国人大四次会议记者会上就"教育改革和发展"相关问题回答了中外记者提问。

中国教育总体水平已进入世界中上行列

"中国教育发展总体水平已进入世界中上行列。"袁贵仁介绍，通过独立第三方对中国教育进行评估显示：学前教育毛入学率为 75%，达到世界中上收入国家平均水平；小学净入学率达到 99.9%、初中毛入学率为 104%，中国总数为 1.5 亿的 9 年义务教育学生普及率超过世界高收入国家的平均水平；高中阶段毛入学率为 87%，高等教育毛入学率为

40%，这两项指标高于世界中上收入国家平均水平。

"事非经过不知难。"袁贵仁说，中国是一个发展中的人口大国，取得这样的发展水平来之不易，中国的教育已经站在新的发展历史起点上。

"十三五"仍维持九年义务教育不变

针对社会关注的"中国是否要延长义务教育年限"问题，袁贵仁明确表示，"十三五"期间中国义务教育仍然为九年。

"义务教育是一个国家的基本教育制度安排，一个国家不可能同时存在几个义务教育的模式。我们不延长9年义务教育，但会重点放在把义务教育办得更好。"袁贵仁说，"十三五"提出普及高中阶段教育，意味着国家已经明确中国的教育普及是十二年，就是说9年义务教育加三年高中阶段教育。

袁贵仁说，普及义务教育还意味着均衡，但如果现在把学前教育和高中教育都纳入义务教育，均衡的配置就是很大的难题。

此外，义务教育还必须保证为每个孩子提供学习的条件，每个家庭必须送孩子就读。因此，经过综合考虑，在"十三五"时期，我们仍然坚持九年义务教育。但是将努力从实际出发确保更多人民群众、更多青少年学生得到更好的教育。

虚心学习借鉴各国有益教育做法和经验

当被问及怎样看待中西方教育的异同时，袁贵仁说，中国有悠久的、优秀的教育传统，形成了自己的教育特色和模式。中国教育注重基本知识的传授、基本技能的训练，注重行为规范的养成，再加上中国老师的辛勤付出和学生的刻苦勤奋，中国教育在很多方面取得了优秀成绩，培养出了优秀人才。

"但是，我们确有自己的不足。比如，我们的学生特别是中小学生课业负担过重，我们的学生创新精神不强，实践能力不足。"袁贵仁说，中国教育有不尽如人意的地方，因此要推进素质教育，主要目标就是提高学生的创新精神和实践能力。

在这些方面，西方一些国家的做法和经验值得学习。"正所谓'尺有所短，寸有所长'，我们应当立足中国大地，弘扬优秀文化传统，同时虚心学习借鉴各国有益的、成功的教育做法和经验，由此把中国的教育办得更好，也对世界教育作出中国的贡献。"袁贵仁说。

200多所高校正在积极稳妥地推进转型试点工作

袁贵仁表示，中国高校的转型发展，实质上是中国高等教育供给侧结构性改革。"中国的高等教育结构不合理表现在培养理论型、学术型人才的学校比较多，而培养技术、技能型人才的学校比较少，也就是大家经常批评的，学校同质化的现象比较严重。"袁贵仁说，高等教育的结构和国家的经济结构、产业结构不尽吻合。

他说，解决这个问题的办法就是优化结构，办出特色，提高质量，满足经济社会对高等教育的需求，满足人民群众对教育多样化的需求，所以要推动普通高校向应用型转型。地方高校要率先转型，从培养理论型人才转到培养技术、技能型人才，适应当前经济转型的需要，适应地方经济社会发展的需要。

袁贵仁说，转型的关键是调整专业设置；转型的真正核心是人才培养模式，"爱因斯坦的活，爱迪生干不了；爱迪生的活，爱因斯坦也干不了"，我们需要通过转型来培养更多的实体经济发展需要的在一线能够从事工作的高素质技术人才、技能人才。

为学校和用人单位牵线搭桥

今年高校毕业生有765万，当被问及如何解决高校毕业生就业问题时，袁贵仁表示，在各部门、各地方、各高校的共同努力下，大学生就业创业总体态势良好，初次就业率连续 13 年保持在 70% 以上，创业人数逐年增加。

袁贵仁说，就业是民生之本，要以创业带动就业。首先，教育部门要会同有关部门，深入做好"大学生就业促进计划"和"大学生创业引领计划"，鼓励毕业生勇于创业、积极就业；其次，要认真细化落实国家对大学生就业创业的优惠政策，并通过多种方式，让每一位毕业生深入了解；再次，还需要加强就业指导，充分收集和广泛发布就业信息，为学生和用人单位牵线搭桥；最后，要开展精准帮扶"一人一策"，使毕业生能够找到自己理想的工作。

"创新创业教育不是说每个学生都能成为企业家，首先是要使他们形成创新理念、创新思维、创新素质，来为我们国家实施创新驱动发展战略服务，来为我们国家在 2020 年成为创新国家服务。"袁贵仁说。

（新华社记者刘奕湛、李汶羲、韩洁）

📖 | 深度解读

解读之一：代表委员把脉农村教育出路：引导教师下乡，不如请孩子到县里读书

记者在基层调研时发现，近年来随着城镇化进程的加快，部分地区大面积开展撤点并校以图优化教育资源。这虽然在一定程度上提高了校舍单位面积、办学资金的利用率，却抬升了农村家庭的教育成本、学生的时间成本和安全风险。与此同时，部分地区尚未撤并的小学和教学点持续迎来大量基础设施投入，在学生流失的大趋势下，针对村小"撒胡椒面"式的投入难以见效，造成了教育资源的浪费。

两会期间，新华社"中国网事"记者采访了来自宁夏、广西、江苏的三位代表委员，就各自地区不同的教育样本畅谈体会，把脉农村教育的出路。

"鸵鸟的装备套在了麻雀身上"

记者调研了解到，宁夏某地级市全市学生人数在10人以下的学校有120多所，占全市农村小学总数的15%以上。记者在一些农村"麻雀"小学看到，学生越来越少，但各类投入却越来越多。在一所农村小学，政府财政投资65万元新建了4栋整齐的校舍，共24间教室。但仅仅一年后，这个学校就只剩下4名学生，后续的加盖保温层等基础设施投入仍然在进行。

记者发现，在一些地方，针对村小、教学点的投入逐年增加，但这些投入很多并不匹配现有学校规模，也没有考虑未来学生流失趋势。虽说"仅有一个学生也应该办好学校"是教育界一直倡导的理念，但"鸵鸟的装备套在了麻雀身上"，的确造成教育资源浪费。

全国政协委员、宁夏大学回族研究院院长马宗保认为，基础教育存在"城拥挤、乡薄弱、村空壳"的现象，国家应该对教育资源分布不均的问题进行引导，因地制宜地对农村地区的教育资源空间布局进行调整。

"区域之间的差别非常大，在探讨这一问题时，必须要考虑当地的实际情况。既不能一味地搞撤点并校、教育上浮，也不能一刀切地固守农村。要因地制宜、精准施策才能解决好问题。"马宗保说。

引导教师下乡　不如请孩子到县里读书

民建中央从2009年至今作了六年试验，在全国开办了80多个教育移民扬帆班，把贫困山区的小学毕业生直接安排到县城中学读初中，并为学生提供每月200元的生活补助。截至2015年，已经有近2000名学生毕业。

广西田阳县初级中学就有这样一个民建扬帆班。自2010年以来，上海民建帮扶公益基金会为广西田阳初级中学"上海民建扬帆班"项目筹资捐款共计126万余元，受助学生已达260人。

全国政协委员、民建广西壮族自治区委主委钱学明说，贫困山区农村的乡镇初中办不好，是东西差距、贫富差距、城乡差距叠加的必然结果。由于很难将各个专业的优质师资留在条件仍然艰苦的山区乡镇，与其说想方设法引导教师下到山区乡镇，不如请孩子们来县里读书。

"教育移民扬帆班把贫困山区的小学毕业生直接安排到县城中学读初中，并为学生提供每月200元的生活补助。毕业的学生绝大多数考上了市、县重点高中，少数上了职业高中，效果极其明显。"钱学明说。

钱学明介绍，每年2400元的生活补助，实际上使贫困山区的孩子直接达到了脱贫线。没有了抚养孩子的负担，家庭也更容易脱贫。"在扶贫攻坚的今天，统筹各方面扶贫资金，县城集中办好初中是完全可行的。这些孩子通过接受良好教育，成为工业化、城镇化的人才，避免了许多不必要的社会问题，一举多得。"

多措并举提升农村教育质量

2012年，江苏淮安市根据国务院和省政府的文件要求停止了一切农村学校的撤并工作，并制定了农村义务教育学校布局调整规划，合理配置教育资源，同时对一些偏远地区恢复建设教学点17个。与此同时，淮安市在"十二五"期间，一共成立了52个教育集团。通过教育集团，实行资源共享。优质学校和相对薄弱学校资源共享，来达到教育公平均衡的目标。

全国人大代表、江苏省淮安市教育局局长张元贵说，教育集团一般采取优质搭配薄弱的方式来进行帮扶。"淮安在'十三五'期间还要加大教育集团建设的力度，把农村当中教学水平相对薄弱的学校放到教育集团里来，进行捆绑考核，来实现农村教育的优质化。"

张元贵指出，目前农村教师队伍整体的建设水平还需要提升。"我们现在提出来要让老百姓包括农村的老百姓在家门口上优质学校，按照这样的目标要求，我们农村教师队伍的水平还需要进一步提升。"

张元贵表示，要建立健全的农村教师队伍补充机制，能够使教师队伍的结构得到进一步的优化；要通过教师交流，让优质学校的老师和农村学校的教师进行交流，来提升农村教师队伍的水平；要建立一些激励的机制，对优秀农村教师在职称评定、评先评优、绩效奖的比例上适度倾斜，从多方面来满足农村教师队伍要求。

张元贵说，有的学校虽然人少，但满足群众需求办学点不能少，撤并之后学校的面积和教育用地不能挪作他用，更不应该减少。"应该把撤并的权限上收，让更高级别的部门来管理。要保证教育资源不能越弄越少，越搞越集中，应该努力实现教育公共服务的均等化。"

（新华社记者刘林、潘祺、杨绍功、张亮）

解读之二：教育部："多校划片" 只是阶段性补充措施

教育部副部长刘利民7日下午围绕我国基础教育公平与网友互动交流时透露，"多校划片"政策只是阶段性的补充措施，解决择校问题，最终还要靠扩大优质教育资源，办好每所学校。

刘利民表示，国家大力推进义务教育均衡发展，校际差距明显缩小，但教育资源配置不均衡问题仍然存在。在总结地方实践基础上，我们推出了多校划片政策，指导择校热点地区实现机会公平，使学生享有平等进入优质学校的机会。这只是阶段性的补充措施，解决择校问题，最终还要靠扩大优质教育资源，办好每所学校。

"教育部推动义务教育均衡发展，对全国县域义务教育均衡发展进行国家认定，对校舍建设、设备配备、教师配置、资金投入、质量标准等提出明确要求。我们努力缩小目前存在的区域、城乡、校际之间的差距，针对农村教育的短板，将继续实施好全面改造薄弱学校项目、乡村教师支持计划、营养改善计划等。"他补充说。

在回答网友"教育部有没有考虑过扩大免费教育的范围"的问题时，刘利民回答说："目前，我国九年义务教育全免费。国家正在研究在'十三五'期间分步实施九年以上免费教育的政策，免费中等职业教育在逐步推行，覆盖面已达92%；普通高中将率先对建档立卡家庭经济困难学生免除学杂费。一些地方在学前和高中阶段也实施了一定年限的免费教育。我们鼓励和支持各地的这些做法。"

此外，刘利民还围绕学前教育、校园安全、师德建设、雾霾停课、进城务工人员随迁子女入学等一系列社会高度关注的教育问题回答了网友的提问。

（新华社记者施雨岑）

解读之三：专家解读"十三五"规划建议新亮点：牢固树立以提高质量为核心的教育发展观

2015年11月3日公布的《中共中央关于制定国民经济和社会发展第十三个五年规划的建议》以"提高教育质量"为主题，提出覆盖各级各类教育的发展目标和任务。

教育部教育发展研究中心主任张力在接受记者专访时表示，未来5年我们要坚持把提高质量作为教育改革发展的核心任务，牢固树立以提高质量为核心的教育发展观，为如期全面建成小康社会提供可靠的人力资源支持。

为如期全面建成小康社会提供可靠的人力资源支持

问：规划建议的教育部分为何以提高教育质量作为主题词？

答：教育既是国计，更是民生。提高教育质量，意义重大，在我国教育事业取得历史性成就的今天，将更需要有质量的发展。规划建议在确定"十三五"时期我国发展的指导思想时，强调以提高发展质量和效益为中心，这就意味着，未来 5 年我们要坚持把提高质量作为教育改革发展的核心任务，牢固树立以提高质量为核心的教育发展观，更加注重教育内涵发展，为如期全面建成小康社会提供可靠的人力资源支持。

六大亮点最突出

问：规划建议有何亮点，体现了哪些政策考虑和现实需求？

答：最突出的有六大亮点，一是明确要求加强社会主义核心价值观教育，把增强学生社会责任感、创新精神、实践能力作为重点任务贯彻到国民教育全过程，这是围绕全面贯彻党的教育方针、落实立德树人根本任务的新的更高要求。二是将高中阶段教育从"基本普及"提升为"普及"，大幅提高从中等职业教育到普通高中渐进式免除学杂费的进程。三是多措并举促进教育公平，积极回应群众期盼，重点抓均衡、抓普惠、抓资助，努力让所有学子都能有平等受教育机会。四是提高高校教学水平和创新能力，继续重视建设现代职业教育体系，加快形成人才培养主动适应经济社会发展需求的机制。五是落实并深化考试招生制度改革和教育教学改革，强调探索建立个人学习账号和学分累计制度，畅通继续教育、终身学习通道，为显著提高国民素质和社会文明程度打下良好基础。六是支持和规范民办教育发展，鼓励社会力量和民间资本提供多样化教育服务，努力开辟调动多方资源发展教育的新局面。

深化教育领域综合改革、全面推进依法治教

问： 在义务教育均衡、普及高中阶段教育、发展学前教育、提高高校教学水平和创新能力等方面，改革举措与质量发展有着怎样的内在联系？

答： 改革是发展的强大动力，按照"四个全面"战略布局，"十三五"时期教育发展和质量提高，必须始终瞄准全面建成小康社会新的目标要求，必须紧紧抓住改革和法治战略举措，规划建议指出的"城乡区域发展不平衡""基本公共服务供给不足"等问题，包括教育发展和服务供给在内，都需要深化教育领域综合改革、全面推进依法治教来加快解决，2020年前全国各级各类教育质量的提高、群众满意度的增加，都离不开规划建议多次强调的教育改革、教学改革和相关制度机制的创新。

依法切实保障家庭经济困难学生平等受教育权

问： 相关措施是否针对当前教育改革发展的难点热点？

答： 当前教育改革和发展难点热点，最主要的是以全面建成小康社会新的目标要求为依归。"十三五"时期最需要着力补的短板，就是贫困农村地区教育事业和家庭经济困难学生学习机会，习近平总书记曾反复强调，没有农村的全面小康，特别是没有贫困地区的小康，就没有全面建成小康社会。相应地，依法切实保障家庭经济困难学生平等受教育权，有效阻断贫困代际传递，将是今后5年全党全社会全力打好脱贫攻坚战、保证全面建成小康社会目标如期实现的重要环节，必然要求从学前教育、义务教育、高中阶段教育、职业教育、本专科教育、研究生教育等各个阶段全面部署资助体系，使其涵盖所有家庭经济困难的学生，"资助全覆盖"，不让一个学生因家庭经济困难而失学，这就是规划建议重点部署的一大政策举措。

更多更好地提供个性化学习条件

问: 学分累计制度是新提法吗?

答: 建立个人学习账号和学分累计制度,前面对接的是考试招生制度改革深化,后面联系的是"畅通继续教育、终身学习通道",这一举措事关促进人的全面发展和经济社会持续健康发展的全局,将需要一代又一代中国人的接续努力。回顾改革开放的历程,我国于20世纪90年代中期参考借鉴国际社会倡导的理念,立法确认终身教育概念。进入21世纪以来,党和国家多次部署终身学习,特别是党的十八届三中全会文件曾要求,"试行普通高校、高职院校、成人高校之间学分转换,拓宽终身学习通道。"为规划建议对"十三五"时期作出新的全局性部署奠定了基础,预计未来5年我国将在学习成果认可制度方面迈出创新步伐,更多更好地提供个性化学习条件,为构建符合基本国情的学习型社会筑基。

(新华网记者吴晶)

科技部

KEJIBU

提高科技创新能力，
深化科技军民融合，破除成果转化障碍

——科技部部长万钢等答记者问

"在科技领域如何推进供给侧改革？""如何深化科技军民融合？""如何让科研成果走出实验室，在市场大潮中开花结果？"

2016年3月10日上午，科技部部长万钢，全国政协委员、中国科技大学常务副校长潘建伟，浙江省科技厅厅长周国辉在十二届全国人大四次会议记者会上就"科技创新发展"相关问题回答了中外记者提问。

推进供给侧改革首要提高创新能力

对于如何在科技领域推进供给侧结构性改革，万钢说，市场对科技产品存在很大的潜在需求，提高创新能力，推进供给侧改革才能紧跟市场。"我们创新政策的指向是提升原始创新能力，加强集成创新，面向市场的需求供给，同时也进行引进吸收消化和再创新。"万钢说。

万钢说，推进供给侧改革首先要增强创新能力，发挥创新动能，推动大众创业、万众创新，激发全社会，特别是青年人的创新积极性；其次，要着力提高原始创新能力，要有积累、有发展。

去年全社会研发支出超7成来自企业

"十三五"规划纲要草案提出我国全社会研发投入强度要达到2.5%的目标，万钢透露，"十二五"科技规划提出的十个指标中，除研究与试验发展经费支出（R&D）与国内生产总值（GDP）的比值外，其他指标都已完成和超过了目标值。目前，企业已成为技术创新的主体，出现了很多企业牵头的高铁、核能、特高压输变电等重大项目。

万钢说，2015 年我国全社会研发支出达 14220 亿元，其中企业支出超过 77%，全社会科技资源配置方式发生了重大变化。"由于企业加大了对技术创新的投入，政府资金就可以更多转移到基础前沿、社会公益、国家战略如航空航天、深潜等重点领域上，为国家长远的创新能力建设作出贡献。"万钢说。

高校、研究院所科技成果转化仍存在障碍

万钢说，这几年科技成果转化取得一些发展，但依然存在短板。从发展的角度看，2015 年末，全国技术市场的成交额已经达到 9835 亿元，科技成果转化发展较快。但从结构上看，80% 左右是企业进行转让和吸纳的，高校、研究院所在转化成果时还有一些障碍。

对于如何破除科技成果转化过程中存在的障碍，万钢说，第一，要取消审批程序；第二，收益权、分配权由高校自己按规定程序自主处理；第三，要促进企业和高校的紧密合作，鼓励高校科技资源的开放；第四，要加强技术市场的建设，培育一支既懂产业又懂科研的专门从事转化服务的队伍。

周国辉说，推进科技成果转化重点要解决两大问题：第一，明确供给方面的产权，给予科研人员自主处置权、收益权。第二，要有市场体系。

重大科技项目也可以很"生活"

谈到国家重大科技项目与民众生活的关系，万钢表示，我国重大科技项目和重大工程都与生活紧密结合。他说，比如北斗导航，我国 5 万多艘渔船都使用了北斗导航，在没有网络的情况下渔船可以获得短报；蛟龙号已经下潜 100 多次，许多科学家跟着走向海底世界；前些年黑龙

江发大水，就是用资源卫星来监控，减轻了灾情。

万钢用前期调研的经历说明了重大科技项目、工程与生活的紧密结合："最近我到内蒙古去调研，有一个企业用北斗放牛，给牛带项圈，还用上了 Wi-Fi，牛吃什么草、在什么地方都知道，如果一旦过界，牧民派个无人机把它给撵回来。"

万钢表示，我国"十三五"将要实施的一批重大项目，一方面将支持原始创新积累，实现科学知识突破。另一方面也会改善我们的生活，促进我们的经济和社会发展。

鼓励民企参与科技军民融合

万钢表示，科技领域的军民融合目前有一些不够协调、连通不畅的问题，将从航天、潜海、超算、信息技术应用等进行统筹布局，共同谋划。

万钢说，已经有很多民营企业参与了国防装备的研究和采购，未来要从科研设施的互通互用来促进军民融合，通过人才培养促进军民融合。"科学的探索实际上没有军用、民用之分，而是用在什么地方，怎么样使它更好地发挥效率。"万钢说。

潘建伟说，对于设施的共用，不仅是国内所有的学者可以共用通用的科研设施，通过国际合作也可以进行科研设施共用。

众创空间未来更多聚焦实体经济

万钢说，目前全国已有约 500 家获国家各类支持的众创空间，和原有的企业孵化器、各类大学科技园、高新区、自主创新示范区形成了一个创业的体系。

下一步如何更好发展众创空间？万钢说，国务院发文明确要求众创空间未来在发展上更多聚焦于实体经济，更多用科技成果来带动量大面广的传统产业升级，更多面向市场的新需求、潜在需求，推动供给侧结构性改革。目前，很多企业的创新实践带来启迪，如海尔打开市场销售渠道、打开零部件资源渠道、打开制造服务的做法既推进众创的发展，又推进企业转型升级。

工匠精神实际是一种敬业精神

政府工作报告提到的"工匠精神"受到广泛关注。

曾在德国留学工作的万钢说，工匠精神实际是一种敬业精神，就是对每个人所从事的工作锲而不舍，对质量的要求不断提升，在每一个工作岗位上的每一件事都不能放松，德国的很多做法值得借鉴。

他指出，工匠精神的培育首先是教育的结果。"德国哪怕一个商店的售货员也要进行系统的教育，包括包盒子、做礼品等都有一个系统的教育。"其次，工匠精神也是文化的体现。创新时代，中国也要加强基础教育和职业教育，使更多产业一线工人能得到更系统的教育，使质量为上的要求变成企业发展的文化。

（新华社记者李汶羲、韩洁、罗沙）

🔊 | **权威声音**

引领众创空间越来越多地向实体经济发展

2016 年 2 月 24 日，科技部部长万钢在国务院新闻办举行的发布会上表示，要引领众创空间越来越多地向实体经济发展，特别是在电子信息、生物技术、现代农业、高端装备、新能源、新材料等重点领域，针对产业需求、行业共性技术细分领域建设众创空间。

万钢表示，众创空间、孵化器、产业园之间是一个接续有序的关系，建立一个系统很重要。近年来，中国区域创新更加活跃，形成了创新创业生态系统。11 家国家自主创新示范区和 146 家国家高新区成为区域创新创业的核心载体和增长极，与 498 家众创空间、603 家国家级科技企业孵化器、加速器，共同形成接续有序的创业服务链条和良好的创新生态，吸引了成千上万青年人创业创新，在服务实体经济方面发挥了重要作用。

万钢表示，要鼓励龙头骨干企业围绕主营业务，开放市场资源、装备资源，包括销售和采购资源，并与中小微企业、高校和科研院所以及广大创客共同创新创业。此外，支持高校和科研院所围绕优势专业领域建设众创空间，开放科技资源、设备和人力资源，带领青年人创新创业。

万钢说，总的来说，科技部已为这些众创空间提供一些政策，比如普惠性的补贴与免税，以及相关的政策性补助和奖励，引导社会资本投入。同时，在国家高新区、自主创新示范区建设一批围绕众创的平台，让青年人的思维、成果与市场得到有效对接。

"我们要把青年人创新创业的激情、潜力激发出来，为他们提供更多更好的服务条件，使新动能化为新的增长点，让'互联网＋'为更多新兴产业插上翅膀。"万钢说。

（新华社记者姜潇、余晓洁）

加强基础研究、前沿探索

中国科技部部长万钢 2 月 24 日在回答新华社记者提问时表示，基础研究、前沿探索是一个国家提升原始创新能力的关键。应该从完善支持基础研究的体制机制、强化前瞻布局、加强基础研究基地建设和加强人才培养等四个方面"强基础"。同时,对于引力波等面向未来的探索要根据国力给予相应的部署。

万钢当日在国务院新闻办举行的发布会上说,在新的科技计划体系中,有三个重要的部分支持基础研究。第一加强面上的研究,国家自然科学基金重点支持科技工作者的自由探索。第二聚焦重大需求,重点研发计划对面向未来的量子通信、生命科学、干细胞、环境保护等方面基础研究进行重点支持。第三在"全链条一体化"的设计中,重点研发计划支持经济社会包括产业领域解决关键技术问题时也统筹考虑基础研究。

"强化前瞻布局,对一些面向未来的探索,包括物质科学、中微子探索、引力波探索都要按照我们的国力给予相应的部署。加强基础研究基地建设,包括国家重点实验室、国家工程中心,以及各行业当中建立在企业的重点实验室等。"万钢说。

万钢表示,最重要的还是要加强基础研究人才的培养,千人计划、万人计划都加强了对青年人才的培养,包括中国国家科技计划当中专门有针对于 35 岁以下青年人的支持。

（新华社记者余晓洁、姜潇）

科技创新促进传统动能凤凰涅槃

科技部部长万钢在 2 月 24 日举行的国新办新闻发布会上表示,经过近五年的努力,重大成果和顶尖人才不断涌现,大众创业、万众创新蓬勃兴起,科技创新能力显著增强,科技创新为适应和引领经济发展新常态、增添经济发展新动能提供了强大支撑。专家认为,"十三五"时期我国经济发展将由要素驱动、投资驱动转向创新驱动,发展新动能需要加大基础研究投入，破除创新发展中的制度障碍。

推动创新为经济发展提供支撑

"从发展方面看，我国科技创新加速突破应用，正在推动新动能不断成长、化蛹成蝶。科技创新也促进了传统动能改造提升、凤凰涅槃。"万钢表示，目前我国科技进步贡献率由 50.9% 增加到 55.1%。

他透露，一方面，科技创新支撑产业转型升级，重大科技项目形成了新产能。包括国产首架大飞机 C919 成功总装下线，ARJ 支线飞机成功实现商业运营；新一代高速铁路技术世界领先，高铁里程占世界总量 60% 以上，进军海外市场；第四代先进核能技术高温气冷堆商业化示范进展顺利；2015 年新能源汽车产销量超过 37 万辆，累计保有量达 49.7 万辆，居世界第一。

许多战略高技术贴近民生进入市场，创造了新市场、新消费。据悉，我国北斗导航卫星应用广泛，已经有 200 多个不同产品应用于渔船、汽车甚至快递送货的自行车上，形成产值已达 1000 多亿元。

与此同时，全社会科技资源配置方式发生重大变化。目前全社会研发支出预计达到 14300 亿元，其中企业支出超过 77%。科技成果转化引导基金设立首批创投子基金，16 个科技和金融结合试点地区增加科技贷款超过 1.2 万亿元。高新技术企业税收减免和研发费用加计扣除等创新支持政策，其带动和放大效应正在凸显。

"与 2011 年相比，2014 年高新技术企业减免税增加 2.5%，带动纳税额增加 15%，促进 8 万家高新技术企业主营业务收入增加 12%，达到了 21 万亿元。从这个角度看，调整科技投入的结构，支持企业为主体的技术创新能够促进新动能增长，产生新的增长点。"万钢表示。

据悉，我国的科技孵化器在大众创业、万众创新方面有很好的基础。以 2014 年为例，全国活跃的创业投资机构有 1000 多家，资本总量超过 3500 亿元；技术交易成交额达 8577 亿元，并且每年以 15% 的速率增长。

"新科技革命和产业变革为人们创造了很大的机遇，这是一个新的动能，我们要把青年创新创业的激情、潜力激发出来，为他们提供更好的服务条件，使新动能成为新的增长点，让'互联网 +'为很多新兴产业插上翅膀。"万钢表示，现在有近 500 个众创空间和将近 700 个企业孵化器、加速器以及产业园区形成了接续有序的创业生态。

突破科技计划引领带动创新发展

万钢表示，经过近五年的努力，我国重大成果和顶尖人才不断涌现，大众创业、万众创新蓬勃兴起，科技创新能力显著增强，步入"三跑并存"的历史新阶段，在基础研究方面取得一系列重大突破。

一般来说，基础研究、前沿探索是一个国家提升原始创新能力的关键。万钢说，在新的科技计划体系当中，有三个重要的部分支持基础研究。第一加强面上的研究，国家自然科学基金重点支持科技工作者的自由探索。第二聚焦重大需求，重点研发计划对面向未来的量子通信、生命科学、干细胞、环境保护等方面基础研究进行重点支持。第三在"全链条一体化"的设计中，重点研发计划支持经济社会包括产业领域解决关键技术问题时也统筹考虑基础研究。

"以电动汽车为例，过去的研发部署重点是'三纵三横'——电机、电池、电控三个关键技术。在新的计划体系当中，一些基础研究的科学问题也予以了考虑，延伸到电池、电机的科学问题，还有一些充电基础设施的问题。"万钢解释称。

据了解，虽然我国基础研究取得重大突破，杰出人才和重大成果不断涌现。但是基础研究的资金投入仍待提升。"2015 年中央预算中的科学技术支出为 2500 亿元左右，其中用于基础研究的大约 480 亿元左右，比例占 18.5%，主要是项目经费。最近看到美国新的财政预算，当中基础研究的比例大概是 22% 左右，比我们高一些。"万钢透露。

清华大学经济管理学院教授陈劲表示，在基础研究中进一步设立具有重要战略意义的基础研究项目，并持续提高基础研究在研究与开发中的投资比例，着力培养基础科学拔尖创新人才，使得中国在基础研究和前沿科技方面具有强大的后劲，推动创新范式从基于技术的创新向基于科学的创新转型，不断产生原始性、突破性创新，为产业结构调整提供最长远、最坚实的科技基础。

建议破除创新发展制度障碍

近年来，除了科技成果取得可喜成绩外，我国科技体制改革也有新突破。2014 年 12 月，国务院印发《关于深化中央财政科技计划（专项、基金等）管理改革的方案》，提出要建立公开统一的国家科技管理改革的方案，明确提出要建立公开统一的国家科技管理平台，形成"一个平台，三个柱子"，加强科技资源的统筹协调和优化配置。

为解决制约我国科技计划引领带动创新发展的深层次重大问题，上述文件将中央各部门管理的 100 多个科技计划（专项、基金等）在科学评估的基础上整合成五大类：国家自然科学基金、国家科技重大专项、国家重点研发计划、技术创新引导专项（基金）、基地和人才专项。

据了解，目前我国部分环节仍存在阻碍科技创新积极性的制度障碍，如现阶段我国科技成果转移转化效率不高，科研与市场需求结合不紧密，阻碍科技成果转化和产业化的障碍仍然存在。

万钢透露，科技部正在制定实施成果转化法的若干规定，对成果转移转化中的尽职免责、离岗创业、成果收益、技术市场和科技服务等方面作出制度安排，使科技成果转化法落到实处。这一政策即将发布实施，将极大激励科研成员开展成果转移转化的热情。

（新华社记者钟源）

科技创新孕育中国经济新动能

从低端服装代工企业，到智能裁缝机器人的研制、应用者，广东顺德爱斯达服饰有限公司历时多年自主研发，将服装制造业与互联网深度融合，成为服装定制领域的黑马，不仅订单大幅增加，更成为高端智能装备供应商。

"花了5年时间，投入4000多万元，我在同行眼中是一个'疯子'。可是，现在我却成了他们的设备供应商，帮他们解决了大问题。"公司总裁樊友斌说。

记者在爱斯达的车间看到，智能裁缝机器人正开足马力工作，它收到来自互联网的定制数据，随后自动进布，激光从顶部射下，火花所到之处，布料分开。18秒后，一条牛仔裤的布块输送出来。拿着这些布块，工人只需再花几个小时就能将牛仔裤"组装"完毕。

"卖一台裁缝机器人的利润，相当于我帮人代工几万件衣服。"樊友斌说。科技创新在这家企业身上实现了传统动能改造提升、凤凰涅槃。

以企业为主体的创新体系逐步建立

尽管2015年中国经济增速为25年来最低，但和樊友斌的公司一样，众多中国企业面对危机迎难而上，通过科技创新，实现自身转型升级，同时充分发挥示范引领作用，为中国经济转型升级提供新动力。

中国不少科技企业2015年交出靓丽业绩。数据显示，当年中国高技术产业的增加值增速达10.2%。其中航空、航天器及设备制造业增长26.2%，电子及通信设备制造业增长12.7%。

上海华测导航技术股份有限公司就是这些企业的代表之一。作为一家致力提供全球卫星定位系统及相关行业系统解决方案的高科技公司，该企业去年自主研发推出领航员 NX100 北斗农业机械自动驾驶系统等大获成功，实现利润增长 30%。

这项自动驾驶系统将北斗、GPS 卫星定位与车辆自动驾驶技术相结合，通过获取农机精确的位置、姿态，自动控制方向，提高农业作业精度。该系统提高工作效率 50%，目前已在新疆、东北、江苏广泛运用，在中国市场占有率排名第二。

"改革开放以来，中国的增长引擎长期依赖外贸，现在正逐渐变成科技创新。外贸的作用是充分利用现有的比较优势，而科技创新的作用是发展更高级的比较优势，使优势产业上移，实现产业转型升级。"中国科技大学副研究员、智库"风云学会"会长袁岚峰说。

企业是经济活动的基本单元、技术创新的主体，因而其积极创新对提高中国整体创新水平、推动经济发展升级具有重要影响。

中国科技部的数据显示，目前全社会研发支出预计达到 14300 亿元，其中企业支出超过 77%。以企业为主体的技术创新体系正逐步建立。在电子信息、先进制造等高新领域，每年约有 30 万项新科技成果通过技术市场完成转移转化，拉动经济发展。

加速科研成果转化提升经济效益

与企业创新相比，中国科研机构及高校的创新行为过去往往被诟病为片面追求专利和论文数量，对市场应用重视不够，导致中国科技成果转化率远低于发达国家。

为破解体制性障碍，国务院近日推出支持科技成果转移转化的政策措施。据悉，科技部正在制定实施成果转化法的若干规定，对成果转移转化中的尽职免责、离岗创业、成果收益、技术市场和科技服务等方面作出制度安排。

中科院上海药物所去年全面启动科技成果转化领域的改革试点工作。该所副所长叶阳介绍，药物所打破以发表 SCI 论文为唯一标准的传统评价机制，将成果转化与评价体系"挂上钩"，重新确定医药成果分配比例，调动内部活力等，改革让药物所"大获丰收"，2015 年全所转化科技成果 15 项，总合同达 8 亿元。

中国科学院提供的数据显示，过去 5 年，其通过科技成果转移转化使社会企业新增销售收入超过 1.5 万亿元，利税超过 2200 亿元；在 39 个院级科技成果转化平台上累计完成转移转化项目超过 4900 个，孵化科技型企业超过 1200 个。

数据显示，如今中国经济增长的科技含量不断增强。中国科技进步贡献率已从 2010 年的 50.9% 提升至 2015 年的 55.1%。

科技创新助力供给侧改革

国务院常务会议近日明确指出，打通科技与经济结合的通道，尽快形成新的生产力，对于推进结构改革尤其是供给侧改革，提高发展质量和效益，具有重要意义。

专家表示，供给侧改革的实质就是创新，它的一个鲜明特点就是大力发展新兴产业。新兴产业创造了新技术、新产品、新材料、新市场，创造了新供给，释放了新需求。所以，在化解过剩产能的同时，中国还需要通过创新，在关键技术、知名品牌、健康医疗、高端教育旅游等领域增加有效供给。

中科院近年来聚焦多个重点领域和方向，发挥建制化优势，突破了一批制约经济发展的关键核心技术，形成了一批新技术、新产品。

比如，甲醇制烯烃技术已投产项目累计生产烯烃产品约 660 万吨，新增产值约 660 亿元；20 纳米、14 纳米集成电路先导工艺关键技术取得突破，实现了向大型制造企业的专利许可，进入产业化开发阶段；量子通信技术应用取得新进展，"京沪干线"建设进展顺利，建成了首个规模化城域量子通信网络。

"我国科技创新加速突破应用，正在推动新动能不断成长、化蛹成蝶。"中国科技部部长万钢说，科技创新支撑产业转型升级，重大科技项目形成了新产能。如新一代高速铁路技术世界领先，高铁里程占世界总量 60% 以上，进军海外市场。

同时，许多高技术创造了新市场、新消费。如中国北斗导航卫星应用广泛，已经有 200 多个不同产品应用于渔船、汽车甚至快递送货的自行车上，形成产值达 1000 多亿元。

"科技水平决定了一个国家生产力和生活水平的上限。我们应该继续大力支持科技创新，提高研发支出占 GDP 的比重；通过创立国家级科技创业风险投资公司，促进研究成果向产业转化；摒弃对国外技术的盲从迷信，关注另类技术路线在关键技术领域的自主程度及其未来升级换代的可能性。"袁岚峰说。

（新华社记者周文其、章利新、扶庆、王琳琳、吴晶晶）

背景介绍

细数"十三五"规划里的"高精尖"

"十三五"规划纲要把实施创新驱动发展战略摆在极为突出的位置，以 5 章 15 节浓墨重彩阐述了"十三五"期间我国创新大布局。

纲要中列述的不少未来五年发力的科研领域、科研项目，令人眼前一亮。记者对此作了梳理，一起来看看，未来五年我国将有哪些"高精尖"的大动作。

科技创新2030—重大项目

这"一揽子"重大科研项目、重大工程将面向2030年及更长一个时间段。

其中，重大科技项目包括：航空发动机及燃气轮机、深海空间站、量子通信与量子计算机、脑科学与类脑研究、国家网络空间安全、深空探测及空间飞行器在轨服务与维护系统。

重大工程包括：种业自主创新、煤炭清洁高效利用、智能电网、天地一体化信息网络、大数据、智能制造和机器人、重点新材料研发及应用、京津冀环境综合治理、健康保障。

高端装备创新发展工程

高端装备创新发展工程包括：航空航天装备、海洋工程装备及高技术船舶、先进轨道交通装备、高档数控机床、机器人装备、现代农机装备、高性能医疗器械、先进化工成套装备。

涉及：突破航空发动机和燃气轮机核心技术；推动人工智能技术在各领域商用；重点研制核医学影像设备；聚焦煤炭分级、煤炭气化、净化合成、能量利用和废水处理等关键领域，推动成套技术装备自主化；等等。

战略性新兴产业发展行动

这项发展行动包括：新一代信息技术产业创新、生物产业倍增、空间信息智能感知、储能与分布式能源、高端材料、新能源汽车。

其中涉及：培育人工智能、智能硬件等成为新增长点；加速推动基因组学等生物技术大规模应用；大力发展形状记忆合金、自修复材料等智能材料；重点突破动力电池能量密度、高低温适应性等关键技术；等等。

海洋重大工程

在海洋重大工程中,"蛟龙"探海、"雪龙"探极尤其引人注目。

蛟龙探海包括:突破"龙宫一号"深海实验平台建造关键技术,建造深海移动式和坐底式实验平台,等等。

雪龙探极包括:在北极合作新建岸基观测站,在南极新建科考站,新建先进破冰船,提升南极航空能力,初步构建极地区域的陆—海—空观测平台,等等。

一如草案中所言,"十三五"期间,我国将"坚持战略和前沿导向,集中支持事关发展全局的基础研究和共性关键技术研究,更加重视原始创新和颠覆性技术创新"。"强化宇宙深化、物质结构、生命起源、脑与认知等基础前沿科学研究"。

"'十三五'期间向基础研究发力,聚焦核心关键技术,是塑造科技创新先发优势的必要条件,这将使中国有可能在未来成为世界科技的'领跑者'。"全国人大代表、安徽省科技厅副厅长罗平说。

（新华社记者许晟、鲍晓菁）

工业和信息化部

GONGYEHEXINXIHUABU

部长通道

今年我国新能源汽车
产销规模将增长一倍以上

工业和信息化部部长苗圩 2016 年 3 月 13 日在人民大会堂说，我国新能源汽车已进入成长期，产业发展呈现高速增长态势，预计今年我国新能源汽车产销规模将迎来一倍以上增长。

苗圩在列席当天的十二届全国人大四次会议前经过"部长通道"时说，我国新能源汽车从 2009 年开始的培育期，到目前已进入成长期，去年产销规模已超 30 多万辆，同比呈现出高速增长态势。

苗圩说，目前新能源汽车产业发展面临两个瓶颈：一是产品端，我们需要集中攻克以动力电池为代表的产品的性能、可靠性、行驶里程、寿命等难题；二是应用端，加速社会上充电设施的建设。政府有积极性来推动这两方面发展，工信部已做好安排，以保证新能源汽车产业更好地发展。

苗圩表示，新能源汽车代表着汽车工业产业结构调整的一个重要方向。越来越多的企业和产品将参与到新能源汽车的市场竞争中来，国家政策一直鼓励新能源汽车发展，今后的发展态势会越来越好。

（新华社记者高亢、许晟）

部长访谈

不断增加企业和群众的获得感

——访工信部副部长刘利华

既要精减审批事项，降低准入门槛，又要进一步强化监管，推动政府职能更加注重事中事后监管。工信部副部长刘利华 2016 年 3 月 9 日在接受新华社记者采访时介绍，今年工信部将把创造良好发展环境作为深化行政审批制度改革的目标，把解决突出问题作为改革的突破口和着力点，不断增加企业和群众的获得感。

行政审批削减一半

据刘利华介绍，工信部持续深化行政审批制度改革，积极转变政府职能，取得阶段性的成效，实现三年任务两年完成的阶段性目标。

具体工作体现在主动放权、加强监管、优化服务三个方面，其中，关于主动放权，目前已取消下放 26 项行政审批事项，这占原有审批事项近一半，非行政许可审批则全部取消；同时对 13 项行政审批中介服务事项进行集中清理，取消 9 项行政审批前置中介服务事项；以部门规章、规范性文件等形式设定地方实施的行政审批事项全部取消。

放权同时注重优化服务。一段时间以来，工信部先后制定和出台《行政审批事项服务指南》《行政审批事项审查工作细则》《行政审批事项受理单文书示范文本》等，在部门户网站发布所有行政许可事项的办事指南信息，以标准化促进规范化。

此外，工信部通过削减审批过程繁文缛节、减少和简化审批申报材料提升效率，当前保留的行政审批事项办理天数平均压缩9天，精减审批环节5个；同时，对取消下放行政审批事项和商事制度改革涉及的规章进行集中清理，废止5件规章，修改7件规章。

这些工作已显实效，比如在汽车行业，据上汽、东风等企业专家评估，新的判定技术条件实施后，将减少检验样车数量15%左右，减少检验次数20%左右，减少企业公告产品检验费用20%左右，同时还大大节省了企业人力、物力和时间成本。

并非"一放了之"

对于权力下放后如何防止监管缺位，刘利华说，工信部在取消和下放行政审批事项的过程中，围绕转变管理方式，遵循权力和责任同步下放，监督和管理同步加强的原则，加快配套改革和法治建设，特别是长效机制的建设。

"在积极有序推进'放'的同时，更加注重加强监管，切实做到放、管结合。"刘利华说，主要体现在三个方面：

一方面，在提出取消和下放行政审批事项的同时，研究提出后续管理措施，通过备案报告、日常巡查、抽查监督、信息公示等，加强事中事后监管，通过制定方案、提出要求、加强沟通等，确保下放行政审批事项的衔接到位。

比如"基础电信和跨地区增值电信业务经营许可证备案核准"取消后，工信部出台配套措施，要求基础电信企业加强接入管理，定期通过电信业务市场综合管理信息系统报送本企业接入的增值电信企业情况，加强电信业务市场监管。

另一方面，加快配套改革，出台"先照后证"改革后加强事中事后监管的实施意见，组织开展在检查工作中推广随机抽查规范事中事后监管的工作，提出加强监管风险监测研判，充分运用大数据、物联网等现代信息技术，整合抽查抽检、网络市场定向监测、违法失信、投诉举报等相关信息，提高发现问题和防范化解风险的能力，推动线上线下一体化监管。

此外，针对通信行业的特点，工信部还研究出台通信管理局权力清单责任清单指导意见，统筹推进各省（自治区、直辖市）通信管理局行政审批制度改革工作。

简政放权仍有空间

"目前工信部保留的行政审批事项有 30 项，还有进一步简政放权的空间。"刘利华说，行政审批制度改革是深化行政体制改革的重要内容，取消和下放行政审批事项仅仅是一个开端。随着行政体制改革的不断深入，工业和信息化部将继续推进政府职能转变。

据介绍，2016 年工信部重点考虑开展五方面工作：一是按照国务院审改办统一部署，做好公布中央指定地方实施的行政审批事项清单的基础性工作；二是推进网上"一个窗口"受理，创造条件，就部分审批事项开展网上受理、网上办理、网上监督、网上反馈等；三是以标准化促进规范化，进一步规范审批流程，提高审批效率；四是就进一步需要改革的中介服务事项提出处理意见，按照国务院审改办统一部署，做好向社会公布保留的中介服务事项清单工作；五是进一步优化简化行政许可流程，方便企业和群众办事。

关于如何把握好"放"和"管"的"度"，刘利华说，既要精减审批事项，降低准入门槛，为"双创"清障搭台，又要进一步强化事中事后监管，推动政府职能由重审批向更加注重事中事后监管转变，既要把创造良好发展环境作为深化行政审批制度改革的目标，又要把解决突出问题作为改革的突破口和着力点，不断增加企业和群众的获得感。

工信部在服务中小企业健康发展方面已做出探索，截至 2015 年末，共支持 30 个省市和 5 个计划单列市启动中小企业公共服务平台网络建设，带动社会各类服务机构 8.47 万个，组织开展针对小微企业需求的各类服务活动 21.48 万次，服务企业 216.07 万家次。

（新华社记者赵晓辉、华晔迪）

背景介绍

背景之一：中国超越美国成为世界最大新能源汽车市场

中国汽车工业协会副秘书长许艳华 2015 年 12 月 5 日在京表示，受政府政策驱动，在产销企业共同努力下，中国新能源汽车产业发展形势喜人，今年实现全年新能源汽车销量超越美国成为全球第一大新能源汽车市场几无悬念。

许艳华在出席首届中国新能源汽车企业领袖峰会时预计，中国新能源汽车 2015 年销量将有望达到 22 万到 25 万辆，而美国新能源汽车全年销量约为 18 万辆。按销量计算，中国成为世界最大新能源汽车市场已成定局。

自从 2009 年取代美国成为全球头号汽车产销市场以来，中国在传统燃油汽车产销方面一直处于全球领先地位。尽管 2015 年全国汽车产销增长趋于低迷，但在政府政策鼓励和引导下，新能源汽车的生产和销售却呈现"井喷式"增长态势，纯电动汽车以及插电式混合动力汽车产销数据双双创下新高。

中国汽车工业协会数据显示，2015 年 1—10 月，中国整体汽车产量略高于 2014 年同期，为 1928.03 万辆，而销量则同比增长 1.5% 达到 1927.81 万辆，其中新能源汽车产销同比则分别增长了 2.7 倍和 2.9 倍。

工信部赛迪研究院副院长黄子河表示，中国新能源汽车 2015 年发展迅猛，得益于一线城市纷纷取消限购摇号、出台新能源汽车补贴政策等措施，但"十三五"期间新能源汽车产业仍要突破核心技术和关键部件的制约。

许艳华说，中国新能源汽车销量全球占比将超过 40%，高于美国、欧洲和日本，在全球新能源汽车市场处于主导地位，中国市场对全球新能源汽车消费增长的贡献度显而易见。

同时，她也提醒，尽管新能源汽车产业在中国发展形势喜人，销量全球领先，但也同样存有问题，国产新能源汽车整体质量仍处于中低发展水平，在安全性、动力电池、创新能力、核心竞争力等方面仍有待提高。

2015 年中国新能源汽车企业领袖峰会以"新汽车，新市场，新机遇"为主题，由工信部赛迪研究院主办，新能源汽车报和 e 充网联合承办，旨在搭建一个多渠道信息交流平台，推动新能源汽车自主品牌建设与国际合作。

峰会吸引了数百名业内人士参加。这次峰会还进行了 2015 年中国新能源汽车领袖人物和乘用车奖、客车奖及特别贡献奖等 12 个奖项的评选和颁奖活动。

（新华社记者陈思武）

背景之二：工信部将制定 34 个专项规划落实"十三五"规划建议

工信部部长苗圩 2015 年 11 月 5 日说，按照十八届五中全会通过的

《中共中央关于制定国民经济和社会发展第十三个五年规划的建议》，工信部将围绕"中国制造 2025"制定专项规划体系，共有 34 项专项规划。

苗圩在国务院新闻办举行的发布会上说，"十三五"规划建议提出，到 2020 年要实现两化融合水平进　步提高、产业迈向中高端水平、先进制造业加快发展、新产业新业态不断成长，这些都是我们的新目标。

他说，根据五中全会的规划建议，工信部将围绕着贯彻落实"中国制造 2025"，瞄准新一轮科技革命和产业变革的重要发展趋势，抢占未来产业竞争的制高点，特别需要加强引导和培育、扶植新兴产业，加快传统产业改造升级的速度。

他说，要聚焦高端装备制造业、战略性新兴产业和传统产业的改造升级等重点行业和领域，做好"十三五"规划的具体工作，制定一系列的规划、行动计划或者具体的政策措施。

苗圩说，要围绕重大项目、重大工程、重大政策"三个重大"来提高规划的权威性和指导性，同时注意做好每一项规划和其他相关规划的衔接。对于主要由市场配置资源、充分竞争的行业，交由市场，一般来说这些行业不再制定专门的规划。

他说，经过研究，工信部围绕"中国制造 2025"搞了专项规划体系，一共是 34 项规划。总的规划是"中国制造 2025"，下面细分领域和行业大概要制定 33 个专项规划。加紧各方面工作，希望 2016 年这些规划能够陆续出台并且实施。

关于"十二五"期间的工业转型升级的情况，苗圩说，预计到 2015 年底工业转型升级规划当中的绝大部分指标都可以完成。据初步统计，到 2014 年底，全部工业增加值增速和工业全年劳动生产率增速都已经完成"十二五"设定的目标。另外，有两项指标能够确保到 2015 年底完成，一是单位工业增加值能耗比"十一五"末下降约 21%，二是单位工业增加值的用水量较"十一五"末下降 31.9%。

（新华社记者赵晓辉）

背景之三：推进结构调整　迈向高端时代

在发展中调整，在调整中跃升。即将收官的"十二五"是中国经济转型升级的关键时期。这期间，在稳增长的多重压力下，中国经济结构持续优化，产业发展奋力迈向中高端，为新时期的经济社会发展奠定了新的起点。

知难而进　调结构转方式效果显现

"淘汰炼铁落后产能 4800 万吨、炼钢 4800 万吨、焦炭 4200 万吨、电石 380 万吨、铁合金 740 万吨、电解铝 90 万吨……"

这份长长的清单是工信部 2011 年制定的"十二五"淘汰落后产能的目标。传统产业产能过剩问题成为中国经济结构性问题的突出矛盾点。"十二五"时期，多年累积的结构性矛盾和转型发展压力成为经济发展中必须面对的问题。经历长期快速发展的中国经济面临一系列重大而深刻的变化，产业结构必须有新的突破。

5 年来，调结构转方式被放在更加突出的位置。在一系列政策的引领下，我国产业重大结构性问题得到改善，新的增长动能逐步形成，产业结构逐步迈向优化。

5 年间，大量落后产能被淘汰，这是中国经济必须承受之痛。

工信部的最新信息显示，"十二五"期间，淘汰落后产能政策环境不断完善，淘汰落后产能工作取得显著成效，不仅提前一年完成原定的"十二五"淘汰任务，还提前完成了追加任务。

5 年间，一批批新兴产业崛起，这是中国经济孕育的新动能。

"十二五"期间，我国加快培育发展战略性新兴产业，做大做强高技术产业，在打造经济发展新引擎方面取得了新的成效。战略性新兴产业继续保持快速增长，新技术、新产品、新业态、新商业模式不断涌现，对经济转型升级的带动作用进一步显现。

经济调整分化中，传统力量的下行与新兴力量的逐步成长相伴而生。对此，数据最有说服力。

国家发改委数据显示，2014 年，全国规模以上高技术制造业增加值同比增长 12.3%，比规模以上工业高 4 个百分点，高技术制造业利润增长 15.5%，比同期规模以上工业高 12.1 个百分点。2015 年以来，截至 8 月份，中国高技术产业增加值增速已经连续 9 个月比规模以上工业快 4 个百分点以上。

而根据工信部提供的信息，煤炭、钢铁、水泥、平板玻璃等高耗能、高污染的产能过剩行业 2015 年上半年的生产都处在下滑状态。数据显示，上半年粗钢产量下降 1.3%，水泥产量下降 5.3%，玻璃产量下降 4.2%。从效益情况看，煤炭 1—5 月份全行业利润同比下降 60% 多，水泥、玻璃行业利润下降 60% 多，冶金行业利润下降 36%。

这些对比鲜明的数据，是中国经济正在经历凤凰涅槃的明证。

顺势而为　三大产业结构逐步优化

要治病，须对症。结构调整，转型升级，必须把好经济脉搏，顺应经济发展规律。

毫无疑问，发展服务业是中国经济结构优化升级的重点所在。"十二五"规划明确，服务业增加值比重的目标是在 2010 年的 43% 基础上提高 4 个百分点。

5 年来，在农业和工业稳步发展的同时，服务业异军突起，已超过"十二五"规划的目标，稳稳占据经济的"半壁江山"。

数据显示，2012 年服务业增加值占 GDP 比重历史上首次超过第二产业，到 2014 年服务业增加值比重就上升到 48.2%，提前完成了规划目标。2015 年上半年，第三产业增加值占国内生产总值的比重进一步增加为 49.5%。

值得关注的是，在领跑经济增长的同时，第三产业成为税收贡献的主力军，2014 年，第三产业贡献税收占比达 53.5%。互联网和相关服务、软件和信息技术服务业税收分别增长 24% 和 23.7%。

产业结构上的这一可喜变化，在就业方面更是有着非常明显的体现。

人社部数据显示，第三产业占就业比重在 2011 年首超第一产业，跃居第一，此后逐年增加，现已成吸纳就业的绝对主力。2014 年，在面临经济下行压力、第二产业占 GDP 比重减少的情况下，我国就业总体平稳，城镇新增就业 1322 万人，超额完成全年新增就业 1000 万人的目标。其中，服务业无疑是主渠道。

"在经济增速放缓的同时，结构调整持续推进，表现在农业比重降至 10% 以下，第三产业比重超过第二产业，工业比重从阶段性峰值逐步回落。"国务院发展研究中心副主任王一鸣分析说，与此同时，内需结构继续优化，消费比重连续下降局面得到扭转，多年来投资、出口比重过高的情况明显缓解。

近年来，信息消费、绿色消费、文体消费、养老家政消费等新型消费增势明显，这无疑都与服务业的快速增长密不可分。

数据显示，2014 年我国实现社会消费品零售总额 26.2 万亿元，同比增长 12%。在全国居民人均消费支出中，交通通信和医疗保健支出占比分别比上年提高 0.6 和 0.3 个百分点。全年最终消费支出对 GDP 增长的贡献率为 51.2%，比上年提高 3 个百分点。

"生活性服务业的快速发展，满足了居民消费从模仿型排浪式向个性化多样化转变的需求，使消费活力更充分地释放，也刺激了消费增量提质，成为优化经济结构的'驱动器'。"中国社科院世界经济与政治研究所全球宏观经济研究室主任张斌说。

创新驱动　产业发展向中高端迈进

新一代移动通信装备、智能制造、3D打印、智能电网、工业机器人、新材料、新能源汽车……"十二五"期间，这些词汇代表的经济新生力量在技术创新和政策驱动的作用下孕育成长，成为产业发展的新方向，推动产业发展向高端迈进。

5年来，有利于产业高端化的政策规划不断出台。

从布局规划到投融资体制机制，从立足整个制造业的《中国制造2025》到每一个具体的行业，处处可以看到政策层面对产业升级的支持。

5年来，我国产业振兴和技术改造不断推进。

2015年，工信部主导的技术改造工程围绕重大技术装备保障、高端材料和新材料保障、食品药品安全保障、绿色制造新技术新工艺等4个重点工程，包括50个领域253个细分方向。其中，重大技术装备保障工程获批项目最多，占比约45%，高端材料和新材料保障工程次之，占比约33%。

5年来，我国产业技术创新的成效显而易见。

以通信领域为例，5年时间，我国经历了从3G到4G的跨越式发展，并开始进军5G。目前，我国与国际同步启动5G研发，率先提出的5G概念及技术架构被全球广泛接受，在5G这一重要的战略性产业上走在了前列。

可以十分自信地说，经过多年的奋发图强、砥砺前行，我国产业发展正在向中高端迈进。

成就非凡，前路漫漫。

毋庸置疑，当前，以新一代信息技术与制造技术深度融合为特征的智能制造模式，正在引发新一轮制造业变革。而中国制造的提升，既要在改造传统制造方面"补课"，又要在绿色制造、智能升级方面"加课"，加快3D打印、高档数控机床、工业机器人等智能技术和装备的运用。

结构调整成效初显，产业迈向高端化路径明确。

可以预期，"十三五"期间，在新的规划蓝图指引下，经济发展中的产业结构将更加合理，产业升级的步伐将迈得更大，更多具有高附加值的业态将涌现，中国经济将以更加坚定的步伐向高端时代挺进。

（新华社记者赵晓辉）

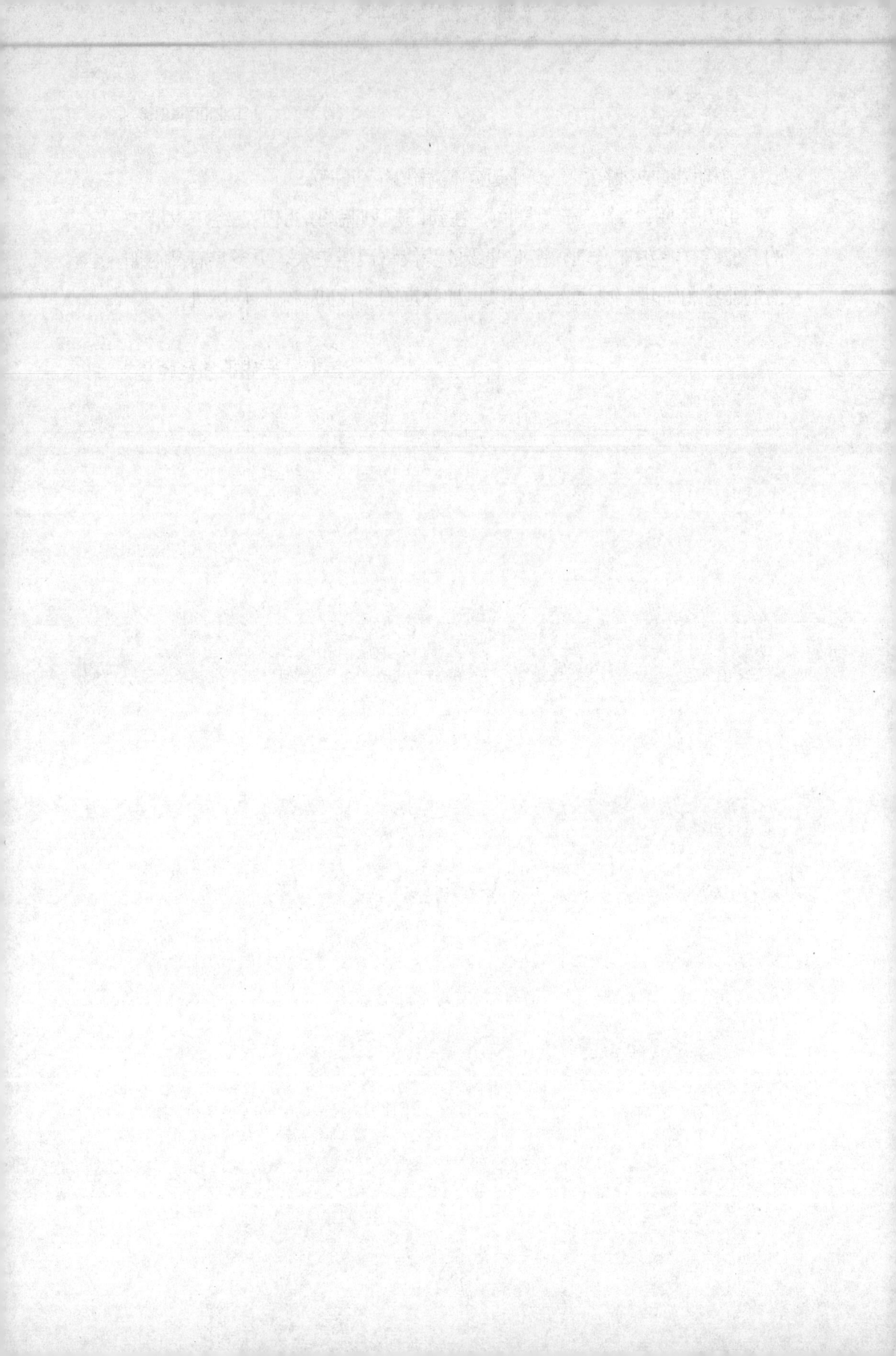

民政部

MINZHENGBU

部长通道

落实好监护干预机制

列席十二届全国人大四次会议的民政部部长李立国2016年3月9日下午经过"部长通道"时表示，构建和落实好农村留守儿童出现问题的强制报告、应急处置、评估帮扶和监护干预机制。

2015年6月，在贵州省毕节市七星关区田坎乡，发生了4名留守儿童在家中集体喝农药自杀的悲剧。

"贵州毕节等地发生的留守儿童惨剧是我国经济社会发展的阶段性现象。"李立国说，"日前，国务院印发了《关于加强农村留守儿童关爱保护工作的意见》。为了保证关爱服务体系编密织牢，公安、教育、民政部门将依托县乡政府和基层群众自治组织来落实好意见要求，通过基层政府的统筹协调、督查指导，把关爱保护体系和关爱保护机制落到实处。"

他说，这一政策文件在关爱保护体系上分别规定了县政府、乡镇政府和街道办事处以及村民委员会、居民委员会应当承担和履行的工作职责，明确了各部门协同负责的任务。

（新华社记者刘奕湛、余晓洁）

农村养老服务业是重点和倾斜方向

民政部部长李立国在经过"部长通道"时表示，农村养老服务业发展相对滞后于城市，是今后一段时间养老服务业发展的重点和倾斜方向。

"发展农村养老服务业，首先按照基层群众自治功能，发展互助式养老服务；其次把乡镇敬老院，也称作特困人员供养机构的功能从面向'三无人员'的特定对象，在设施建设、功能完善和人员配置上扩展成为当地养老服务中心，发挥辐射服务作用。"李立国说。

李立国同时表示，在发展社区居家养老服务上主要采取三个措施。一是指导推动各地加强社区日间照料设施建设，使老年人在社区就近得到各种服务；二是运用市场配置资源的决定作用，鼓励社会力量、民营机构开展进入社区和家庭的养老服务；三是依托"互联网＋"，在一定地域鼓励建立养老服务综合信息平台，建设没有围墙的养老院，使老年人通过信息平台的对接，享有从生活照料到各种缴费等各个方面的社会服务。

"我们要加快建立以居家为基础、社区为依托、机构为补充、医养相结合的养老服务体系建设。根据地方测算，机构养老的主要是失能、半失能、高龄和其他有需要的老人，占老人总数的3%至4%。大部分老年人选择居家养老，即老人生活在家庭，但社会服务进家庭。"李立国说。

李立国还表示，鼓励、支持港澳服务提供者，包括养老服务提供者，到内地省份尤其是广东福建举办非营利性养老机构。按照非盈利性养老机构的属性，香港的养老服务提供者也可以享有发展养老服务业的优惠政策。

（新华社记者余晓洁、刘奕湛）

把应对老龄化提升为国家战略

——民政部副部长邹铭回应"中国式养老"六大热点问题

老龄化社会加速到来，"中国式养老"路在何方？带着公办养老机构"一床难求"，"留守老人""失独老人"养老难等社会普遍关注的热点、焦点和难点问题，记者采访了民政部主管老龄工作的副部长邹铭。

"老龄工作是一个系统工程，需要做好顶层设计和战略规划。要把应对老龄化提升为国家战略，列入'十三五'乃至更长期的国民经济和社会发展规划纲要中去。"邹铭说，"快乐地生活、健康地长寿、优雅地老去是我们追求的目标。"

公办养老机构"一床难求"？加大供给、保障公平

问：目前，一些条件比较好的公办养老机构"一床难求"，个别健康老人通过批条子、走关系长期占用有限的床位。如何解决这个问题？

答：这个问题是大家都非常关心的问题，牵扯到公立养老机构的基本定位问题。公立养老机构收治的对象重点应是城乡特困老人、经济困难的孤寡、失能、高龄等老年人，为他们提供无偿或低收费的供养、护理服务，充分发挥"兜底"作用。现在看，公办养老机构存在一个总量不足的问题，出现了"一床难求"。我们要加大供给，但希望通过引进社会资本来弥补，通过向民办养老机构购买服务的方式来解决，让这些资源能够得到有效的配置，而不是单纯地追求政府更多地去投资。

同时，还要解决保障性资源的公平性问题。我们已经出台了一个政策，在全国逐步推行以经济条件和身体状况为重点的养老服务评估制

度，并将评估结果与老年人享受福利补贴以及入住公办养老机构等挂钩。现在的核心问题就是抓落实，我们会加大对这个政策落实情况的督导力度。

农村试点"以地养老"？是一个很好的创新举措

问：这些年，农村"留守老人"的养老难问题越来越突出。我们在调研中发现，一些地方正通过探索"以地养老"以解决这个难题。对此，您怎么看？

答：现在有一个统计，农村老龄人口大数是 1.19 亿，占全国老龄人口的比例是 56%，占农村总人口的 18%，其中包括 5000 万左右的留守老人。如何开展农村养老服务工作，是一个大问题。目前，农村养老有四个特点、也是难点：一是服务供给严重不足，全国乡镇一级 2 万多所敬老院，只覆盖了乡镇总数的 65%，没有做到乡乡全覆盖，村一级覆盖率就更低，大概不足 5%；二是支付能力低下，制约了社会资本的进入；三是投入渠道单一，只靠政府投入；四是地域差别显著。

解决这些问题，总的来说就是要推进城乡统筹，促进基本公共服务均等化。一是加大服务平台和设施的建设力度，二是要提高农村老人的支付能力和消费水平，三是要倡导家庭承担起重要的养老责任。

通过开展土地流转支撑农村养老，我们觉得还是很好的，契合我们现行的法律法规。通过流转获得的收益，来支付农村老年人的养老消费，回归了土地养老和家庭养老的"本位"，是一个很好的创新举措，值得研究和探讨。

养老护理员短缺？要从提高收入水平着手

问：我们在调研中发现，各类养老机构差不多都存在养老护理员短缺的问题。目前，我国养老护理员缺口到底有多大？从国家政策层面，有什么解决办法？

答：目前，全国大约只有 29 万护理员，但失能半失能老人大概有 3500 万，按照 1 个护理员照看 3 个老人的标准，这个缺口至少是 1000 万以上。尤其是有资质的、一线的护理人员非常匮乏，需要多方面政策来支持，尽快弥补这个缺口。

此外，在这 29 万护理人员中，40 岁以上的占 56%，年龄偏大；月收入 3000 元以下的占 85%，收入水平很低；高中以下的占 70%，其中初中以下的又占到 45%。养老护理员收入低、没有职业发展前景，流失就很多。反过来，养老护理员的基本业务素质、职业素养低，又影响了养老服务业的水平和进一步发展。

我们要从提高养老服务人员的收入水平着手，让他们觉得在社会上有地位，他们的收入是跟付出相称的，有自己的职业前景和职业资格。那么，这个补贴从哪儿来呢？政府财政投入是一个方面，比方说入职有一个补贴，培训有一个补贴，长期在一线岗位工作还有一个津贴。另一方面，家庭和社会也需要投入。

在国家层面建立养老护理保险制度？正在研究可行性

问：许多家庭在养老护理方面支付能力有限。为此，一些专家建议，尽快建立养老护理保险制度。一些地方也在试点。请问，在国家层面是否有类似规划？

答：现在有些地方在试点长期照护保险制度，我理解，这已不仅仅是保险，而是一个制度保障的概念，非常必要，我们积极鼓励和支持，也在和相关部门共同认真研究国家层面推动这个制度出台的可行性。

目前各地的试点主要是寻着两个途径：一个是从长期护理保险的角度，如青岛就是跟医疗保险捆绑在一块来做的，财政补贴一部分，彩票公益金也投入了一部分。还有一个是寻着政府补贴的角度去做，北京、天津、上海、黑龙江 4 个省、市对失能老人给予护理补贴，目前看试点的效果还是很明显的。

从长远来看，国家建立对老年人的长期护理保障制度，势在必行。民政部从自身职责讲，有以下几方面工作需要推动：一是大力推动医养融合，在医疗机构进入养老机构的同时，尽快地与基本医疗保险进行衔接，直接把一些护理服务转化为保险给付，以减轻养老机构压力，让老年人获益，也能够补充一线护理人员的收入。目前，我们与卫计委等有关部门正在研究制定推动医养融合的一个政策性文件。二是继续指导和支持地方出台针对护理失能半失能老人的补贴制度，直接为老年人护理提供一些福利补贴。三是会同有关部门尽快研究制定老年人护理分级标准，根据他的身体状况，确定他需要什么样的护理项目，这将直接关系到福利补贴和保险支付的水平。

"失独老人"老无所依？提供"两个救助" "三项补贴""四个优先""三项服务"

问："失独老人"也是一个比较特殊的群体。那么，从国家层面，是否有专门政策帮助这一群体在物质和精神上都能实现"老有所养"？

答：包括"失独老人"在内的计划生育特殊困难老年人当年积极响应国家号召，自觉实行计划生育，为控制人口过快增长、促进经济社会发展作出巨大贡献。由于子女伤残或死亡，他们在养老照料、大病医疗、精神慰藉等方面遇到了困难，确实需要政府和全社会给予特别的关爱和帮助。

就民政部门职能而言，我们向这些老人提供的扶助政策可以概括为"两个救助""三项补贴""四个优先""三项服务"。"两个救助"就是生活救助和医疗救助，在他们遇到生活困难后给予优先救助，帮助他们解决经医保报销后仍难以负担的医疗费用。"三项补贴"就是我们推行高龄津贴、针对经济困难老人的养老服务补贴和针对失能老人的养老护理补贴。"四个优先"就是对符合条件的，要优先进入公办养老机构；在同等条件下，优先安排他们收养子女；子女有残疾的，优先安排医疗康复项目；残疾子女需要配康复辅具的，优先安排适配。"三项服务"就是加大对他们的心理慰藉和精神关爱服务，大力推进基于社区的各项养老服务，免费提供基本殡葬服务。

"中国式养老"什么样？
快乐地生活、健康地长寿、优雅地老去

问： 目前，中国人的养老需求和养老观念正出现多元化趋势。那么，在您心目中，未来适合中国老龄化社会的"中国式养老"模式是什么样的？

答： 这实际上是一个很大的问题。我首先还是希望老年人在退出工作岗位、进入老年人行列后，能发挥专长，尽其所能，继续做一些事情，在这个"小老阶段"更多地投身于社会生活。如果身体出现问题、需要有人经常照顾的时候，可以接受一些专业机构的上门服务，同时继续在社区参加一些社会活动。如果真正到了失能半失能这个阶段，可以根据实际情况，选择继续在家养老，请护理人员上门服务，或者住到机构里头去，由机构来提供服务。快乐地生活、健康地长寿、优雅地老去，我觉得这就是我们追求的目标。

要实现这个目标确实很难，要做的工作非常多，因为我们是典型的"未富先老""未备先老"。所以你所说的"中国式养老"模式，我理解，就是适合中国国情、适合中国老龄化形势，同时又符合我们经济社会发展阶段和发展趋势、契合我们传统文化的养老保障体系。这是一个复杂的系统工程，需要我们在制度层面上做好战略规划和顶层设计，要把积极应对老龄化提升为国家战略，列入"十三五"乃至"十四五""十五五"规划纲要中去。

"十二五"规则纲要提出了"中国式养老"的一个基本格局——居家是基础、社区是依托、机构是支撑。"十三五"时期，我们将更加重视居家和社区，并列为下一步政策投放的重点。要出台一些引导型、枢

纽型的政策，让大家能够在居家和社区享受到更好的养老服务。

（新华社记者崔俐莎、霍小光、张晓松）

深度解读

加强城乡社区协商，深化基层群众自治实践
——民政部部长李立国解读《关于加强城乡社区协商的意见》

《关于加强城乡社区协商的意见》近日印发，进一步明确了城乡社区协商的重要地位和作用，为稳步推进城乡社区协商指明了方向。围绕意见出台的意义、有哪些新亮点，提出了哪些新要求等，民政部部长李立国 2015 年 7 月 22 日进行了解读。

意见中的新亮点新要求

记者：制定出台这份意见有哪些意义？意见对城乡社区协商工作作出的部署中，有哪些新亮点、新要求？

李立国：长期以来，我国就有天下为公、兼容并蓄、求同存异等协商的传统文化。改革开放特别是党的十八大以来，城乡社区普遍建立了基层群众自治制度，城乡社区协商以不同形式普遍开展起来，并且日益成为基层群众自治的重要途径。在全面深化改革的新形势下，制定出台《关于加强城乡社区协商的意见》，是推进基层协商制度化的需要，是深化基层群众自治实践的需要，也是实现和维护好基层群众利益的需要。

意见中的新亮点、新要求包括——

在协商过程中始终坚持党的领导、人民当家做主、依法治国有机统一。意见明确了基层党组织在协商内容、协商程序上的领导地位；强调城乡社区协商是基层群众自治的生动实践，是基层群众自治框架内的制度安排，在协商中，要坚持基层群众自治制度，通过民主协商实现基层群众的自我管理、自我教育、自我服务；要坚持依法协商，保证协商活动有序进行，协商结果合法有效。

确保协商主体更具有广泛性。意见将协商主体确定为基层政府及其派出机关、村（社区）党组织、村（居）民委员会、村（居）务监督委员会、村（居）民小组、驻村（社区）单位、社区社会组织、业主委员会、农村集体经济组织、农民合作组织、物业服务企业和当地居民、非户籍居民代表以及其他利益相关方。同时，还可以根据协商的事项及内容，邀请相关专家学者、专业技术人员、第三方机构等，吸纳威望高办事公道的老党员、老干部、群众代表，党代表、人大代表、政协委员以及基层群团组织负责人、社会工作者参与，从而实现了最广泛的协商，保障各方面利益相关者的协商权利。

让协商成果得到更有效落实。在现实协商中，有时会出现协商形式化倾向，有些协商由于事项复杂、利益分歧严重，导致协商事项议而不决、决而不行。意见明确了要建立协商成果的采纳、落实和反馈机制，保障协商成果的有效落实。对于通过协商无法解决或存在较大争议的问题或事项，提交村（居）民会议或村（居）民代表会议决定，实现发扬民主与讲求效率的有机统一。

进一步体现对协商分类指导。意见强调要加强分类指导，尊重群众首创精神，各地应根据本地区实际确定协商内容，强调针对人口密集、人数较多的村（社区），外来务工人员较多的村（社区），留守人员较多或地广人稀、居住分散、交通不便的农村地区以及民族地区的特点，设计协商方案，提高协商的针对性、有效性。同时，要积极开展城乡社区协商示范点建设，充分发挥先进典型的引领带动作用，推进协商活动健康有序发展。

理解把握好加强城乡社区协商的基本原则

记者：意见明确了加强城乡社区协商的基本原则，应该如何理解好、把握好这些原则？

李立国：城乡社区协商作为社会主义协商民主建设的重要组成部分和有效实现形式，是城乡居民表达利益诉求、化解矛盾的重要渠道。加强城乡社区协商，有一些根本性的遵循：

要坚持党的领导，把党的领导贯穿于城乡社区协商的各个环节，把党的领导地位体现在协商程序、协商环节之中，确保城乡社区协商正确的发展方向；

要贯彻民主集中制，协商时既要依靠群众、发扬民主，广泛听取意见，又要坚持教育和引导群众，防止议而不决、决而不行，实现发扬民主和提高效率相统一；

要坚持和完善基层群众自治制度，尊重城乡居民在协商中的主体地位，引导城乡居民广泛参与协商、自由表达真实意见，充分保障人民群众的知情权、参与权、表达权、监督权；

要坚持依法协商、在法律法规许可的范围内组织城乡居民开展协商活动，保证协商成果合法有效；

同时，还要注重坚持全过程协商和因地制宜，增强决策的科学性和实效性，防止社区协商流于形式，不断提升基层治理能力和治理水平。

新形势下不断发展完善城乡社区协商

记者：在新的形势下，如何加强城乡社区协商？

李立国：目前，全国直接参与基层群众自治的农村人口达到6亿，城镇居民超过 3 亿，各地普遍建立了以村（居）民会议和村（居）民代表会议为主要载体的民主决策的组织形式，涉及村（居）民利益的重大事项，基本由村（居）民协商决定。

同时，结合参与主体的情况和协商的具体事项，各地还探索了民情恳谈会、乡村论坛、社区议事会和民主听证会等多种协商形式，搭建起城乡居民参与公共事务和公益决策的平台。

城乡社区协商作为完善基层群众自治制度的重要内容，它的完善和发展需要一定条件：建立健全工作机制，地方各级党委和政府要把城乡社区协商工作纳入重要议事日程，结合实际情况研究制定具体指导办法；稳步推进乡镇、街道的协商民主建设，加强乡镇、街道对行政村、社区协商活动的指导，促进政府治理和群众自治良性互动；进一步完善基层群众自治的法律法规，为协商实践提供法律支撑；加强对协商工作的支持，为城乡居民开展协商活动提供必要条件和资金保障；提升城乡居民参与协商的能力，通过广泛政策宣传和专题培训等多种方式，营造城乡社区协商的良好氛围，促进基层民主实践的健康有序发展。

（新华网北京 2015 年 7 月 22 日电）

司法部

SIFABU

进一步加强贫困人口法律援助工作

列席全国两会的司法部部长吴爱英 2016 年 3 月 13 日在经过"部长通道"时表示，将着力做好三个方面工作，进一步做好贫困群众的法律援助工作。

吴爱英说，近年来我国法律援助事业快速发展，2015 年全国法律援助机构共办理法律援助案件 132 万件，提供法律咨询 704 万人次，为服务保障和改善民生、促进社会公平正义作出了积极贡献。

她表示，下一步将着力做好三个方面工作，进一步做好贫困群众的法律援助工作。

第一，进一步扩大法律援助范围，降低法律援助门槛，使法律援助的覆盖人群逐步扩展至低收入群体，惠及更多的困难群体。逐步把有关劳动保障、婚姻家庭、食品药品、教育医疗等与民生密切相关的事项纳入法律援助范围；切实做好农民工、下岗失业人员、妇女、未成年人、老人、残疾人和军人、军属等群体的法律援助工作，切实维护其合法权益。

第二，进一步加强刑事法律援助，切实履行好侦查、审查起诉和审判阶段的法律援助工作，健全法律援助资格律师制度，依法维护当事人的合法权益，促进司法公正，维护社会公平正义。

第三，进一步提高法律援助质量，推进标准化建设，加强质量监管，完善便民服务措施，为受援人提供方便、快捷、优质高效的法律援助服务。

（新华社记者华春雨、刘奕湛）

深度解读

平安和法治如何破题

——解读中央政法工作会议六大焦点

中央政法工作会议 2016 年 1 月 22 日在北京召开。打击防范恐怖主义，维护金融安全、网络安全，避免宁夏公交车纵火案悲剧再上演，破解司改难题……大到政法事业长远发展，小到具体案件的办理，会议内容无不与老百姓人身安全、合法权益密切相关。

更精准打击暴恐等刑事犯罪

去年，全国严重暴力犯罪案件下降 12.5%，发生涉枪犯罪案件 106起、涉爆犯罪案件 84 起，分别下降 43%、9.9%。

会议指出，暴力恐怖风险是最现实的风险，受国际恐怖主义进入新一轮活跃期影响，我们面临的恐怖袭击风险上升，要"坚决遏制新疆暴恐活动频发态势，坚决防止新疆暴恐活动向内地蔓延，坚决防止在大中城市发生暴恐事件。"

一些新技术将运用到反恐工作中。例如，"推广使用危爆物品非接触式侦测、高清人脸动态识别、语音声纹识别等技术装备，提高对涉恐要素识别、预警能力。"

下大力气化解基层矛盾，宁夏公交车纵火案要深刻反思

去年，全国信访总量下降 7.4%，进京上访下降 6.5%，非正常上访下降 38.2%，网上信访数量分别超过来信来访数量，占总量的 40.1%。

信访问题是社会矛盾的综合反映。"群众信访趋于理性，秩序趋于

好转",会议客观评价了信访工作的向好形势,也客观分析了当前存在的问题。劳资、医疗、环保等领域矛盾增多,处理不当,易引发个人极端事件和群体性事件。

会议特别举出了宁夏银川公交车纵火案的例子:"宁夏银川公交车纵火案,造成18人死亡、32人受伤,教训极其沉痛。对犯罪分子,必须依法严惩。对渎职失职的有关单位和人员,当然要严肃追责问责,但这能挽回18个鲜活的生命和32位伤者的痛苦吗?近年来,类似个人极端事件已多次发生,可悲的是我们一些同志不能从同类事件中吸取教训,仍在不断地付出惨重代价,这是最令人痛心的。一定要痛定思痛,深刻反思,下决心改进工作。"

问题怎么解决?会议作出部署,要把排查化解矛盾纠纷和防范处置个人极端事件结合起来,善于运用现代信息技术,对矛盾突出、心态失衡的重点人员进行动态管控。例如,对在微博、微信、QQ群中扬言制造个人极端事件的,对着手购买危爆物品等作案工具的,要及时发现、控制,防止他们铤而走险、危害社会。严肃查处恶意欠薪案件,有效预防因欠薪引发群体性事件。借鉴一些地方依法处理医闹等做法,预防化解医疗纠纷。依法查处严重污染水源、大气等违法犯罪行为,引导群众理性表达利益诉求,防止引发群体性事件。

依法平等保护市场主体合法权益　防止案件办了企业垮了

"创新是引领发展的第一动力,法治是保障发展的重要后盾。"这是会议着重强调的内容之一。同时,会议还强调要"防止案件办了、企业垮了"。

会议要求,坚持查办案件和规范行为、采取强制措施和保障合法权益、惩治犯罪和挽回损失并重,防止因执法办案不当加剧企业生产经营困难。对法定代表人涉嫌违法但仍在正常生产经营的企业,要依法慎重使用查封、扣押、冻结等强制措施,不轻易查封企业账册,不轻易扣押企业财物；确需采取上述措施的，要预留必要的流动资金和往来账户，尽可能减少对企业正常生产经营活动的影响。

最大限度防范冤假错案

冤假错案，是影响司法公信力的"致命伤"。如何防范？会议透露了今年的改革重点和方向。

审判是关键关口。会议提出，推进以审判为中心的诉讼制度改革。据悉中央政法委将会同政法单位，抓紧研究提出具体的改革意见。

其他改革措施还有：完善证据制度，研究探索对被告人认罪与否、罪行轻重、案情难易等不同类型案件，实行差异化证明标准。落实证人出庭作证制度，提高律师辩护率。把不认罪和认罪后又翻供的案件作为推进庭审实质化的重点，最大限度防范冤假错案发生。提高当庭宣判率，增强裁判结果的可预见性，等等。今年还将抓紧研究提出认罪认罚从宽制度试点方案，经全国人大授权后，选择有条件的地方开展试点。

大中城市要取消落户"暗门槛"

户口问题与人民群众密切相关。"十三五"规划建议提出，深化户籍制度改革，促进有能力在城镇稳定就业和生活的农业转移人口举家进城落户，并与城镇居民有同等权利和义务。

目标和要求明确了，具体怎么干？会议也进行了部署：

大中城市需要准确把握城市定位，发挥好企业和市场作用，改变不合理的落户限制，取消"暗门槛"。特大城市可根据实际情况，制定合理的分类落户政策。其中，户籍人口占比很低的城市，要下决心提高户籍人口比重。贯彻实施《居住证暂行条例》，推动建立与居住年限等条件挂钩的基本公共服务提供机制，让农业转移人口在城镇住得下、过得好、有奔头。

保持政法队伍忠诚可靠、执法为民、公正廉洁

中央政法委主要负责人在会上直接点出，"周永康、周本顺、李东生、奚晓明、马建等人走到党和人民对立面，最根本的就是放弃了主观世界改造，丢掉了共产党人的理想信仰。"

队伍可靠了、廉洁了，司法才能公平公正。除了加强理论学习、严守纪律之外，会议从制度建设上也提出了对策。

用权的人进了笼子，是因为权力出了笼子。会议提出，要扎紧制度篱笆，据悉，继领导干部和司法机关内部人员干预司法的记录、通报和责任追究规定等制度出台后，还将分类建立干警权力清单制度，规范自由裁量权行使边界。严格执行公、检、法三长交流任职制度，加大干部轮岗交流力度。

大数据技术也将运用到司法反腐中。比如会议提倡的贵州贵阳等地实施的"数据铁笼"计划，让权力运行全程电子化、处处留痕迹。还有一些地方和部门开通手机客户端举报窗口，发动群众随手拍提供线索，让不正之风和司法腐败无处藏身。

（新华社记者陈菲、邹伟、荣启涵）

财政部

CAIZHENGBU

扩赤"降杠杆"、营改增收官、个税法待审

——财政部部长楼继伟答记者问

扩增的赤字如何使用？财税改革缘何进度缓慢？个税改革有无时间表？地方债务风险几何？……3 月 7 日上午，财政部部长楼继伟在十二届全国人大四次会议举行的记者会上，就财政工作和财税改革热点问题回答了中外记者提问。

政府"加杠杆"支持全社会"降杠杆"

今年财政赤字率为 3%，比去年实际赤字率提高 0.6 个百分点。楼继伟说，扩大赤字，就是政府"加杠杆"，从而支持全社会通过去产能、去库存、去杠杆等"降杠杆"。"只要全社会的杠杆能够逐步降下来，政府的杠杆也逐步可以释放。"

楼继伟说，扩增的赤字要保重点支出，要优化支出结构，按照可持续、保基本原则安排好民生支出，严控甚至压减"三公"经费增长。相应提高均衡性转移支付支出，给地方更多自主可支配的财力。按照脱贫目标增加扶贫支出、老少边穷地区的转移支付。

此外，中央基建支出安排 5000 亿元，集中用于属于中央事权的、跨域的、公益性比较强的重大基建支出项目。对于 1000 亿元去产能专项奖补资金，将在今明两年各安排 500 亿元，主要根据各地完成去产能任务情况给予支持，与去产能规模挂钩，并考虑需安置职工人数和当地财政困难程度等实行梯度性奖补。

全面实施营改增是今年硬任务

此前预期力争 2015 年全面推开的营改增推至今年，楼继伟说，今年政府工作报告明确了"5 月 1 日全面实施营改增"的时间表，军令状已经下了，这是今年的硬任务。

楼继伟说，营改增改革情况复杂，去年财政收入情况不太好，而剩下的建筑业、房地产业、金融业和生活服务业"一揽子"纳入改革则是最大的难点，因为改革任务量大，涉及企业多，其中生活服务业占大头，四个行业占了大致 960 万户，对应营业税 1.9 万亿，占原营业税总收入约 80%。

楼继伟说，最后几个行业一起推，为了打通抵扣链条，实现完整的消费型增值税。尤其此次把不动产纳入增值税的抵扣链条，非常有利于企业去投资。"我们要鼓励投资，特别是鼓励高质量的投资，企业自主进行的投资可以抵税。"楼继伟说，不动产抵扣还要有个消化过程，最终做到行业不增负。对中央和地方财政收入来说都会减少，但地方减得多，会以过渡性办法解决。

个税法草案今年提交全国人大审议

针对社会关注的"个税起征点是否还会上调"问题，楼继伟说，在工薪所得项下持续提高减除标准不是个税改革方向。目前个税改革方案已提交国务院，今年将把综合与分类相结合的个人所得税法草案提交全国人大审议。

楼继伟说，推进个税改革很复杂，首先税政比较复杂，执行也很复杂，需要健全个人收入和财产的信息系统，需要相应地修改相关法律。对于社会关注的扣除标准问题，他透露总的方向是把 11 个分项综合起来再分类扣除，而不是简单按统一标准做工薪项下的扣除，需要研究的内容很多，包括个人职业发展、再教育费用的扣除；满足基本生活的首套住宅按揭贷款利息的扣除；抚养孩子费用的扣除以及如何扣除赡养老人费用等。下一步将根据条件分步实施，先做一些比较简单部分，再随着信息系统、征管条件和大家习惯的建立逐渐完善改革。

政府借债不能用于"吃饭"

对于外界关注的政府债务空间问题，楼继伟说，目前我国政府债务约占 GDP 比重 40%，在可比国家中是较低。未来还有一定的发债空间，关键要把债务空间利用好，重点支持供给侧的结构性改革，增强经济活力。

"不能把赤字空间都用在基本支出上、一般公共支出上，那就会出现大的问题。"楼继伟说，对此要保持"黄金原则"，把债务用于资产而不是用于"吃饭"。

"'吃饭'靠借钱不行，'吃饭'要靠发工资，借钱可以买房子，用今后的工资收入来还它，按揭是可以的，我们保持了这条防风险的底线。"

对于如何防范政府债务风险，楼继伟说，中央政府债务问题不大，还有继续发债的余地。关键要防止地方政府在《预算法》规定之外出现新的债务口子，各级财政将加大力度规范管理。

今年地方到期债务 5 万亿　将继续"置换"

对于舆论关注的地方债务风险问题，楼继伟说，关键在于规范债务管理。去年全国人大核准了地方债务余额 16 万亿，其中 15.4 万亿是2014 年底以前的地方债务存量。存量债务中只有 1 万多亿是经过全国人大批准过的债券，剩下都是非规范的债务。

楼继伟说，去年经过批准下达各地 3.2 万亿到期存量债务的置换债券，今年统计的地方到期债务还有 5 万亿左右，继续允许地方发行债券置换到期的债务。"恐怕明年还要做一些，基本上就把到期的债务置换了。"他说，以后年度还有到期的，只要在债务余额之下，地方可以借新还旧不是大问题。

他指出，当前大的问题，一是要控制好那些或有债务，在经济增速放缓的时候需要地方政府代偿的比例可能扩大，包括地方融资平台上承担的政府或有债务；二是要防止利用各种方式变相发债，规范 PPP 项目，防止地方变相借债。"如果把债务的风险控制住，不会给经济造成大的伤害。"

（新华社记者韩洁、罗沙、李汶羲）

🔊 **权威声音**

中国推进结构性改革仍有政策空间

供给侧结构性改革无疑是当前的经济热门话题之一。财政部部长楼继伟近日接受记者采访时表示，当前关键要安排好结构性改革的顺序与重点，兼顾短期增长与中长期增长，中国推进结构性改革仍有政策空间。

2016 年首次 G20 财长和央行行长会议几天前在上海落幕，其中一个重要议题就是结构性改革。楼继伟告诉记者，推进结构性改革，是 G20 财长和央行行长会上达成的重要共识。

此次 G20 会议上围绕结构性改革达成了哪些重要共识？对中国有哪些借鉴作用？楼继伟认为，结构性改革有短期也有长期举措，需要注重长短搭配。一方面，见效快的措施先实施。"G20 财长和央行行长会上，我邀请所有的财长和央行行长到中国任何一个城市去看看，都有政府行政服务大厅。我是去过的，到处都有，确实是提高了效率，主要是对居民和小微企业帮助更大，降低了交易成本。"楼继伟说。

另一方面，长期见效的举措也不能忽略。楼继伟表示，并非所有的改革都是既利当前又惠长远，不少改革短期会很"痛苦"，但长期将发挥很大作用，例如去产能、去杠杆、去库存等，这些措施必须推进，必须过关。

楼继伟说，我国在结构性改革、财政政策等方面存在充分的空间，需要继续发挥效用。当前，我国赤字率不到 3% 的警戒线，债务率也不是特别高，去年中央和地方直接负有偿还责任的债务接近 40%。总体来说债务还是有一定空间的。

在债务风险方面，楼继伟也明确表示当前风险可控。"今年还将继续置换到期债务。对于融资平台未到期债务部分，属于政府的债务通过置换逐步变成政府债务，不属于政府的债务要剥离出去。同时，预算法只允许省级政府发债，各省到期债务规模都有统计，以省为单位看我国政府债务是可控的，再由省里对一些债务率较高的县、镇进行平衡。"楼继伟称。

（新华社记者申铖、韩洁）

深度解读

解读之一：中国经济"钱景"如何

——"钱袋子"主管和"金融掌门人"的"中国答案"

2016 年 2 月 26 日，G20 财长和央行行长会在上海拉开帷幕。作为 G20 中国年的第一场重量级财经高官会议，有关中国经济的话题备受关注。中国"钱袋子"主管——财政部长楼继伟和"金融掌门人"——央行行长周小川在会上针对舆论关切作出了回应。

推结构性改革财政政策还有空间

应对全球经济放缓，结构性改革无疑是 G20 各成员共同关注的话题。此次会议上，中国供给侧结构性改革备受关注，各国期待能从中分享更多"中国机遇"。

楼继伟说，中国推进供给侧结构性改革要特别关注改革顺序和配套政策。在经济下行压力大时，如果有空间，要先选择带有扩张性、见效快的措施，如简化行政审批、针对性减税、增强劳动力市场灵活性、推进农民工市民化等。

"中国目前推动结构性改革财政政策还有空间，今年赤字率会进一步扩大。"楼继伟说。

货币政策处于稳健略偏宽松状态

当前，日本、欧元区等主要经济体都在推行量化宽松货币政策，美国也在释放实行负利率的信号。在此背景下，中国的货币政策如何走备受外界关注。在 2 月 26 日举行的记者会上，央行首次明确，人民银行的货币政策处于稳健略偏宽松的状态。对于可能的经济下行风险，目前中国仍有一定的货币政策空间和多种货币政策工具。

周小川表示，中国作为一个经济大国，国内货币政策的制定更重要的还是考虑中国宏观经济的情况，不会过度基于外部经济或者资本流动来制定宏观经济政策。

不会通过竞争性贬值增强出口能力

自从去年"8·11汇改"以来，人民币汇率结束了过去多年来的持续升值，走出了一波贬值行情。外界关于人民币持续贬值的议论较多，甚至有舆论诬指中国在打"货币战争"。

对此，周小川明确表示："中国历来反对通过竞争性贬值来赢得出口竞争力。总体来看中国的出口能力很强大，去年实现几千亿美元的货物贸易顺差。我们不会参与竞争性贬值来增强出口能力。"

不必担心中国的对外支付能力

中国外汇储备连续几个月出现大幅度下滑，其中 1 月份单月降幅达约 1000 亿美元。这种势头是否会持续？中国如何应对资本外流？

对此，周小川形象地比喻说，中国的外汇储备规模始终处于变动之中，不像石油的油田储备量是一个固定的数，把油抽完了就没有了。而外汇储备像水库里的流水，上游不断地有水进来，下游也不断地流出。"保持我们国家的对外支付能力目前没有值得担心的地方。国内经济健康发展，资本流动出现一时波动后就会逐渐回归理性。"

"中国人买断全世界，不是产品不能国产，而是监管不完善"

中国力推供给侧结构性改革，一大看点是提升"中国制造"品质，让更多中国消费留在国内。楼继伟说，一边是中国老百姓对高质量、高品质产品有需求，但一边是中国游客"买断"了全世界，从 LV 包到尿不湿。"这些产品不是中国不能生产，而是监管体系不完善，大家对产品不放心。"楼继伟表示，"推进供给侧改革要加强从产品质量、环境到专利方面的监管和执法。"

去杠杆关键是降低企业负债率

"去杠杆"是中国推进结构性改革的五大任务之一。

周小川表示，中国如果想控制杠杆率，关键是要应对企业杠杆率过高的问题，也有一部分人比较关注地方政府的杠杆率是否偏高，从总量上来讲个人消费贷款的杠杆率不太高。

针对有人质疑央行降低房贷首付比例是否是"加杠杆"，周小川表示，中国住房市场起步比较晚，住房贷款应该有一个大力发展的阶段，同时在城镇化的过程中，农民工的住房需求也在提升。"目前中国个人住房贷款占总贷款的比重相对偏低，坏账比例也明显小于其他领域，在银行看来，个人住房贷款是比较安全的产品。"

（新华社记者李延霞、韩洁、姚玉洁）

解读之二：针对中国经济这些焦点，G20 财经权威怎么说？

二十国集团（G20）财长和央行行长会议 2016 年 2 月 26 日在上海拉开帷幕，共同探讨促进世界经济强劲、可持续、平衡增长。

中国在世界经济最困难的时刻发挥了全球经济"定盘星"的作用，与此同时，其自身也面临经济减速、货币贬值压力、债务较多等挑战。

那么，G20 财长会上的各国财经权威如何看待中国经济走势和难点？不妨让我们来听听他们的声音。

焦点 1：中国经济增速放缓意味着衰退吗？

去年中国 6.9% 的增速创 25 年来新低，中国引擎失去增长动力了吗？

"6.9% 的经济增速在全球依旧很高，中国仍是支撑全球经济增长的重要因素。"来华出席会议的经合组织秘书长安赫尔·古里亚说，尽管增速放缓，但中国正在推进的结构性改革将激发新的增长动力。

全球经济复苏前景仍不明朗。上周经合组织发布预测，大幅下调 2016 年全球经济以及主要发达经济体和新兴市场经济体的增长预期，但维持中国经济今明两年的增长预测不变。

"全球经济低迷形势下，每个经济体都面临挑战，短期增长放缓不可怕，最重要的是为应对长期挑战做好准备。"欧洲知名智库布鲁盖尔研究所所长贡特拉姆·沃尔夫说。

国际货币基金组织总裁拉加德说，中国正通过加快结构性改革，激发经济新的潜在动能，重塑一个更安全、更具包容性、更可持续的中国经济。

焦点 2：人民币汇率是否会"一贬再贬"？

"8·11 汇改"以来，人民币对美元贬值近 5%。市场担忧，人民币会不会持续贬值？

权威部门表示，目前看，人民币经常项目顺差仍较高，通胀处于较低水平。经济保持中高速增长，国际竞争力仍很强，从基本面因素看，人民币不存在持续贬值的基础。

世界银行行长金墉说："一国汇率波动是政府针对'一揽子'货币和市场情况作出的应对，人民币汇率改革走在正确的道路上，央行决策越来越透明，跟外界沟通也越来越畅通。随着人民币加入 SDR，我们也期待中国的汇改更加透明清晰。"

上海交通大学上海高级金融学院副院长朱宁表示，在全球货币政策协调中，美元走势非常关键。美国经济复苏和全球经济发展前景的不确定性，是当前所有矛盾的核心。近期全球金融市场的波动主要是由美国量化宽松退出和美元升值预期引起的，因此美国应该承担更多国际责任和预期引导的义务。

焦点 3：如何应对去产能后的就业压力？

加快推进去产能、加速"僵尸企业"退出，是今年供给侧结构性改革的首要任务。壮士断腕难免带来阵痛。

"在去产能的过程中，中国财政有预算给予下岗工人足够的支持。"

中国财政部长楼继伟在 G20 财长会上表示。工信部副部长冯飞此前也公开表示，中央政府决定设立工业企业结构调整专项奖补资金，资金规模为两年 1000 亿元，用于解决职工安置问题。

与会人士认为，除了财政托底，此轮去产能带来的就业压力并不大，中国高速发展的第三产业有可能吸纳产能过剩行业下岗人员。

"供给侧改革是项综合工程，改革要讲顺序、讲配套，从而在短期增长和长期可持续发展之间寻求平衡。"楼继伟说，"在经济下行压力大时，先选择扩张性、见效快的，包括减少行政性审批、针对性减税、加快农民工市民化等。"

"对于中国而言，更多城市逐步向农民工提供社会服务，将释放农民工的消费潜力，从而支持经济增长，并帮助实现更为均衡和公平的增长。"古里亚说。

焦点 4：外储月降千亿元是否意味资本逃离？

最新公布的数据显示，1 月份中国外汇储备继续下降 995 亿美元至 3.23 万亿美元。这意味着，从 2014 年 6 月约 4 万亿美元的峰值，中国外汇储备至今已大幅减少 7620 亿美元。尤其是过去 3 个月，外汇储备几乎以每月约 1000 亿美元的速度下降。这引发市场对资本"逃离"中国的担忧。

"外汇储备与油田、粮食储备不同，上游有水不断流进来，下游又有水流出去，资本的流动是很正常的，某些时候可能会产生一些'过冲'，但不应把这种'过冲'当成趋势，中国的外汇储备会保持在合理、适度水平，对保证国家对外支付能力没有太值得担心的地方。"中国人民银行行长周小川在发布会上开宗明义说。

"3.23 万亿美元依然是很高的储备水平，现在担忧这个太早了。"古里亚说。

焦点5：中国会爆发"债务危机"吗？

随着经济纵深发展，曾经"量入为出"的中国也步入高负债国家行列。政府、企业、居民部门整体债务规模与 GDP 之比已超过 200%。目前，我国信贷增速继续高速增长，而经济增长开始减速，中国会爆发"债务危机"吗？

周小川认为，中国债务水平确实比较高，需要引起警惕，既要防止过高债务率可能造成的问题，也要审慎分析中国国情，寻找一条道路逐步缓解这样的现象。中国的储蓄率接近 50%，股本融资、股票市场发育不够成熟，间接融资特别是债权融资还是主要渠道，导致债务与 GDP 的比例偏高并继续增长。

"中国的确有较高的债务率，但中国有其独特的情况，中国目前有储备也有能力来应对挑战。"金埔说，从目前来看，中国的债务风险是可控的，而且中国政府负债率较低，中国仍有财政空间来应对挑战。

焦点6：如何看待中国金融监管体制？

"我国的金融监管体制也有一些不令人满意的表现，特别是 2015 年中国金融市场出现一些动荡，也促使我们反思金融监管体制需要做出调整。"周小川说，"目前此问题还处在研究阶段。其中一个因素是要考虑新的监管体制是否有利于宏观审慎政策体系的有效运行和政策框架的执行。"

焦点7：降低房贷首付是加杠杆吗？

针对近期央行调低房贷首付比例，有记者提出这是否意味着对个人住房贷款加杠杆。对此，周小川表示，目前中国个人住房贷款占银行总贷款的比重只有百分之十几，相对偏低，很多国家这一比例达到 40%—50%。所以银行系统也觉得个人住房抵押贷款还是相对安全的产品。

"首套房首付比例从 30% 下调至目前的 25%，这个审慎度空间还是够的，个人住房抵押贷款的坏账比例明显小于其他领域。"周小川表示，将来应该加强对银行总体健康程度的考核，让银行有较大的自主权来决定。不同客户首付比例怎么定，价格怎么定。

（新华社记者姚玉洁、韩洁、李延霞、有之炘）

解读之三："国家账本"的"加减乘除"

——近 20 万亿元财政蛋糕如何分好？

柴米油盐酱醋茶——你我小家有过日子的"小账本"，国家也有关乎国计民生的"大账本"。财政预算看起来专业难懂，但一收一支都体现了政府的政策意图，与你我的生活息息相关。

打开 2016 年"国家账本"，让我们运用"加减乘除"运算法，一起去了解今年政府预算的钱往哪里花？是否花在"刀刃上"？作为 13 亿家庭成员中的一分子，你不能不知，不可不察。

加：赤字增加 5600 亿元，今年要过紧日子

我国财政赤字规模 2015 年为 16200 亿元，2016 年增至 21800 亿元，增加了 5600 亿元。同时，财政赤字率也从去年的 2.4% 上升至 3%。

赤字，简单说就是支出大于收入的部分。赤字占 GDP 的比重叫做赤字率，今年我国赤字率 3% 虽创新高，但风险仍可控。

"赤字规模和赤字率的上升，表明财政政策的积极程度在上升。"全国政协委员、华夏新供给经济学研究院院长贾康说，积极财政政策发挥效应的表现，就是支出规模的扩大。

2016 年，我国四本预算中最大的账本——大头为税收的"一般公

共预算"预计收入157200亿元，增速低至3%。加上调入资金1715亿元，全年可安排的收入总量为158915亿元；全国一般公共预算支出180715亿元，与去年同口径相比增长6.7%。

"一边是收入增速进一步放缓，一边是支出规模继续攀升，支出压力的加大再次警示从中央到地方各级政府都要牢固树立过'紧日子'的思想，不断优化支出结构，提高花钱效果。"中国财政科学研究院院长刘尚希说。

据悉，全国一般公共预算加上另外三本预算——政府性基金预算、国有资本经营预算和社会保险基金预算，我国全口径的财政收入预计20万亿元左右。

全国人大代表、吉林敖东药业集团股份有限公司董事长李秀林认为，各级政府过"紧日子"一方面需要开源节流，一方面要在发展中解决当前面临的困难和难题，将财政收入的增长建立在经济水平发展的增量基础上，既不能一只眼睛向上看，遇到困难就指望上级政府拨款、给钱，也不能一只眼睛向下看，一味挖掘企业税收潜力，竭泽而渔。

减：减税降费5000多亿元，盘活中国经济"大棋局"

经济下行压力大，需要更好发挥积极财政政策的作用。2016年，减税降费的力度继续加大，企业将深受其益。

"十二五"收官之年，一系列的减税降费举措为鼓励社会资本投资和促进大众创业、万众创新营造了宽松的环境，全年支持"双创"共减免税3000亿元以上。

根据政府工作报告，"十三五"开局之年，政府将推出更大力度减税降费举措，预计减轻企业和个人负担5000多亿元：

——5月1日起，营改增试点范围扩至建筑业、房地产业、金融和生活服务业等领域；

——18项行政事业性收费免征范围将从小微企业扩大到所有企业

和个人；

——新菜地开发建设基金、育林基金征收标准降为零、停征价格调节基金；

——教育费附加、地方教育附加、水利建设基金的免征范围，将从月销售额或营业额不超过 3 万元的缴纳义务人扩至不超过 10 万元的缴纳义务人。

全国政协委员、辽宁奥克化学股份有限公司董事长朱建民说，更大力度的减税降费政策释放出积极的政策信号，会令民营企业备受鼓舞，特别是给处于发展困境的企业吃了颗"定心丸"。如将适用于小微企业的减费政策扩至所有企业，企业新增不动产纳入抵扣等。希望能继续完善政策，让企业轻装上阵，激发增长新活力。

乘：撬动社会资本"四两拨千斤"

加强供给侧结构性改革将贯穿全年，在当前经济下行压力下寻找新动能，从传统要素驱动转向创新要素驱动，都离不开财政政策的支持。

记者梳理政府工作报告和预算草案报告发现，2016 年一系列硬举措进一步放大财政资金"四两拨千斤"的杠杆撬动作用：

——强化企业创新主体地位，落实企业研发费用加计扣除，完善高新技术企业、科技企业孵化器等税收优惠政策；

——发挥大众创业、万众创新和"互联网＋"集众智汇众力的乘数效应，如建设一批"双创"示范基地、支持分享经济等；

——清理处置"僵尸企业"，中央财政安排 1000 亿元专项奖补，重点用于职工分流安置；

——启动一批"十三五"规划重大项目，中央预算内投资增加到 5000 亿元。深化投融资体制改革，继续以市场化方式筹集专项建设基金；

——完善政府和社会资本合作模式，用好 1800 亿元引导基金，依法严格履行合同，充分激发社会资本参与热情；

——继续开展运用 PPP 模式投资建设和运营管理公共租赁住房试点。

······

李秀林代表表示，财政收入增速下降，但"僵尸企业"改造、去产能导致的人员分流、经济结构调整等措施都需要大量财政资金保障。在这样的矛盾中，各级政府应开源节流，提高财政资金使用效率。"这要求我们在财政资金使用的立项上一定要精准，把好钢用在刀刃上。"

除：增支不减力百姓有更多"获得感"

20 万亿元左右规模的国家大账本，最终将化为每个百姓实实在在的利益。

如何分好 20 万亿财政"大蛋糕"？

"财政收入增长虽放缓，但该给群众办的实事一件也不能少。"政府工作报告中的这番话让人备受鼓舞。

人大代表审查支出预算，最关键是看重点支出的预算安排是否适当，这关系到政府今年是否能为百姓提供更好的公共服务、是否有更多"雪中送炭"的钱投向贫困山村的教育、国家是否有足够的资金支撑创新梦、社保医保网络是否覆盖到国家的每一个角落……

——2016 年 1 月 1 日起，企业和机关事业单位退休人员基本养老金水平将继续增长 6.5% 左右；

——城乡居民基本医疗保险政府补助标准由每人每年 380 元提高到 420 元；

——中央财政扶贫资金增加 201 亿元，增长 43.4%，增幅的大力度打响了全面脱贫攻坚战；

——民有所居，2016 年计划棚户区改造开工 600 万套，农村危房改造 314 万户。

......

"财政支出应该取之于民、用之于民。公共财政的根本目的在于改善民生。"全国人大代表、浙江省台州市恩泽医疗中心主任陈海啸建议，财政预算应更多偏向扩大社会保障、改善医疗卫生设施、公共服务设施及城建等公共服务短板，概括起来就是要用在能够提高老百姓生活幸福度的地方，让百姓有更多的"获得感"。

（新华社执笔记者韩洁，参与记者：程士华、高亢、高敬、商意盈、段续）

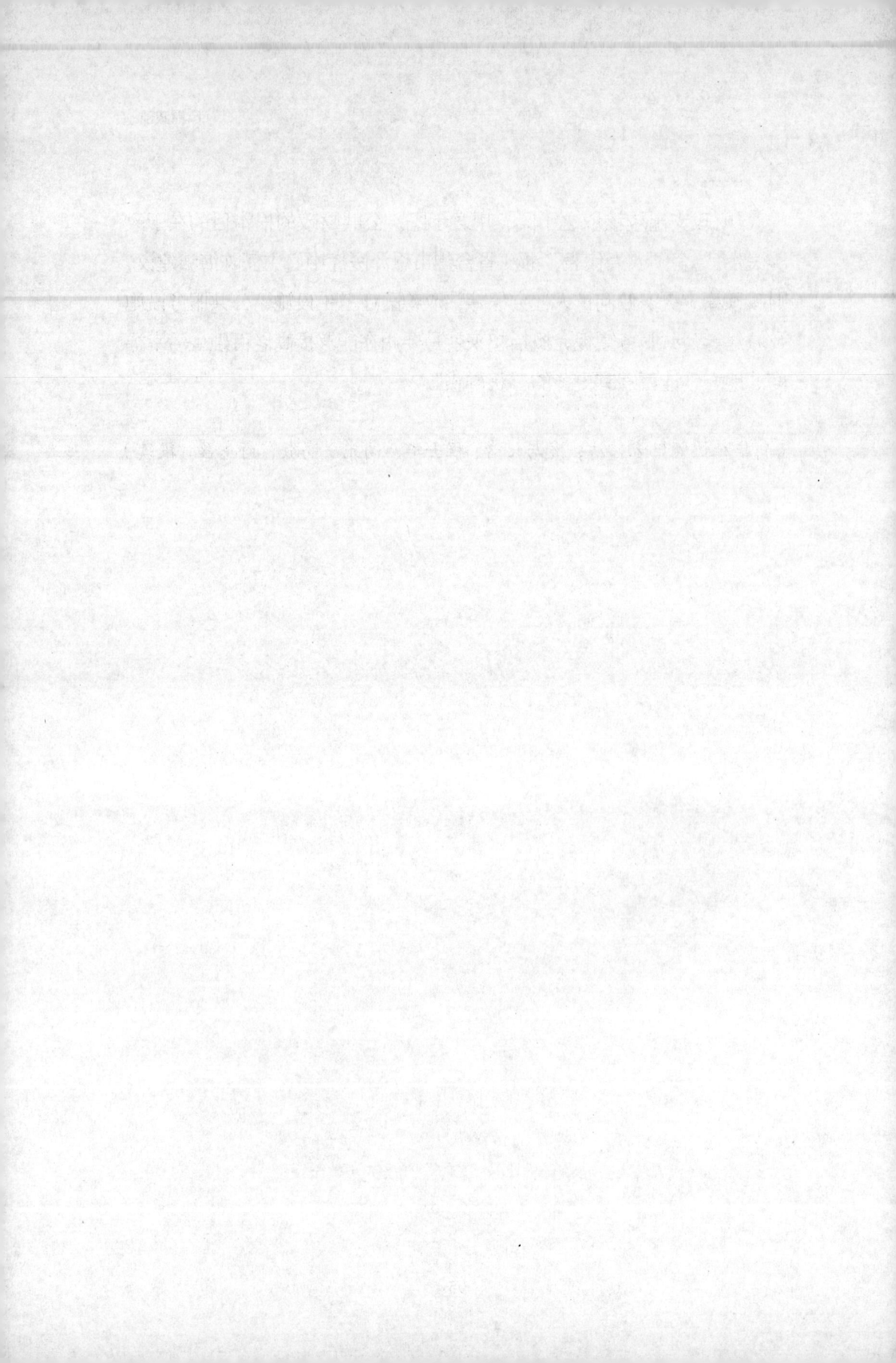

人力资源社会保障部

RENLIZIYUANSHEHUIBAOZHANGBU

网上流传延迟退休时间表系误读

　　列席十二届全国人大四次会议的人力资源和社会保障部部长尹蔚民 2016 年 3 月 9 日下午在经过"部长通道"时表示，延迟退休方案今年会按照相关程序批准后推出向社会征求意见，完善后再正式推出。目前网上流传的延迟退休时间表系误读。

　　"网上流传的延迟退休时间表，其中有相关的计算公式和延迟退休年龄的方案，这里面对目标年龄的设定、不同群体的退休年龄和我们制定的方案还是有差距的。"

　　尹蔚民说，制定出台延迟退休年龄的政策，主要是基于人口老龄化的背景下，怎么可以有效开发人力资源，怎么能够让养老保险可持续发展，这是最主要的出发点。

　　尹蔚民说，制定延迟退休方案主要有三个方面的考虑，首先是小步慢走、渐进到位；二是区别对待、分步实施；三是提前公示、预先预告。这项政策在制定过程中会广泛听取各界意见，不断丰富完善这个方案。

（新华社记者刘奕湛、余晓洁）

养老金投资运营今年启动

　　人力资源和社会保障部部长尹蔚民 2016 年 3 月 9 日在接受记者采访时表示，国务院去年已经通过了《基本养老保险基金投资管理办法》，目前正在制定相应的配套措施和一些细则办法。这些配套政策会陆续推出，今年会启动投资运营。

尹蔚民说，目前，全国范围内已有广东和山东两个省试点了养老金委托投资运营，两个省的投资运营效果都非常好。基础养老金全国统筹方案经过大量调研和测算，基本思路已经形成，能否在今年推出还需根据工作进展情况确定。对于养老金是否存在缺口问题，尹蔚民表示，从全国层面看，养老金不存在缺口。

在经过"部长通道"时，尹蔚民表示，会采取一系列有效措施，努力保持就业稳定。他列举了五方面具体措施：一是努力开发就业岗位，就业政策与宏观经济政策协同推进，特别是新经济发展创造更多的就业机会。二是多措并举，妥善做好下岗职工分流安置。三是继续实施大学生就业促进计划、创业引领计划等，积极推进以高校毕业生为主的青年群体就业工作。四是大力加强职业培训，提高就业能力和职业转换能力。五是积极推进就业服务体系建设，为就业者提供高效便捷的服务。

（新华社记者倪铭娅）

权威声音

延迟退休、基金"穿底"、医保整合：人社部回应三大焦点问题

人力资源和社会保障部部长尹蔚民、副部长游钧2016年2月29日在国新办举行的新闻发布会上回应了延迟退休、基金"穿底"、医保整合这三大社会关注的焦点问题。

2016年拿出延迟退休方案

尹蔚民说，人社部将于2016年拿出延迟退休方案，并向社会广泛征求意见。他说，制定渐进式延迟退休年龄的政策，第一是小步慢走，渐进到位。每年推迟几个月的时间，经过一个相当长的时间再达到法定退休的目标年龄。

"我举个例子，比如5年以后，你是60岁退休，这个政策施行以后，可能你是60岁零3个月退休，这样大家便于接受。"尹蔚民说，第二个人可能是第二年退休，他可能是60岁零6个月退休。

"第二是区别对待，分步实施。"他说，根据国家现在不同群体的退休年龄，人社部会从实际出发，区分不同群体的情况，分步实施。并提前公示，做好预告。

"这个方案一旦出来之后，我们会广泛地征求社会意见，因为这个方案涉及老百姓的切身利益，凡是涉及公众利益的政策都需要广泛听取大家的意见，凝聚社会的共识。"这位部长说。

尹蔚民说，我国目前的赡养比已经从3.3：1（3.3个年轻人供养1个老人）降到2.9：1，但如果能够顺利完成推行全民参保计划、推进养老保险全国统筹、推进养老保险基金投资运营等，在确保发放养老金的前提下可以适当降低社保费率。

医保、养老基金整体没有缺口

针对养老保险基金缺口问题，尹蔚民说，从全国目前的情况看，养老保险基金的运行是平稳的，不存在缺口。

"去年养老保险基金的总收入是2.7万亿元，总支出是2.3万亿元，当期的结余是3000多亿元，累计结余是3.4万亿元。"尹蔚民说，但从各省的情况来看，确实不平衡，各省之间差异比较大。

"有的省能够保发放40、50个月，有的省保发放1、2个月。去年有 7 个省当期收不抵支，但这 7 个省都有累计结余。"尹蔚民说，从长远来看，应对人口老龄化，需要增强基金的持续发展能力。

尹蔚民说，从全国的情况来看，医保基金不存在缺口。"但是医疗保险的统筹层次比较低，只做到了地市级的统筹，所以在个别地区出现了一些收支不平衡的矛盾。"他坦言。

城乡医保力争年内完成整合

游钧说，今年年初国务院专门发文，要求整合城乡居民基本医疗保险制度，主要从政策层面实施，覆盖范围、筹资政策、保障待遇、医保目录、定点管理和基金管理等实现"六统一"。

"在国务院下发文件之前，各地都在积极探索，已经有天津、山东、广东、浙江等九个省市实现了制度整合。"游钧说，从整合的情况来看，效果非常好，使广大城乡居民有一个公平感，待遇水平也得到了提高。

"在国务院的文件下发以后，我们立刻召开了贯彻落实的会议，专门下发了文件，定期进行督导，要求各地在 6 月份全面启动这项工作，争取在年内能够基本完成城乡居民基本医保制度的整合。"游钧说。

（新华社记者徐博、白国龙）

深度解读

解读之一：延迟退休"箭在弦上"，还有哪些问题待解？
——五问延迟退休

2016 年 3 月 4 日，人力资源和社会保障部部长尹蔚民表示，今年将拿出延迟退休方案，并向社会广泛征求意见。"喊"了多年，延迟退休真的要来了。这一涉及亿万劳动者的话题，也成为两会代表委员和专家学者聚焦的热点。

延迟退休从方案到落地需要经过哪些程序？实施会带来哪些影响？代表委员和社会各界还有哪些期待？

一问：政策落地还需经过哪些程序？

中央关于制定"十三五"规划的建议明确，出台渐进式延迟退休年龄政策。从人社部拿出方案，到最终全面实施，中间还需要经过哪些程序？

一些业内人士和代表委员表示，至少还要经过广泛征求意见、按程序报批、各地出台细则三道程序。

有多年基层人力资源和社保工作经验的全国人大代表项晓云说，延迟退休政策涉及面广，各方观点、意见尚不统一，因此政策方案制定后，必须要经过向社会广泛征求意见进行完善修改，才能凝聚社会共识，确保政策出台后能够快速落地。

"新华视点"记者采访了解到，当前男干部、工人60岁，女干部55岁、女工人50岁的退休年龄，是根据国务院1978年制定的《国务院关于工人退休、退职的暂行办法》和《国务院关于安置老弱病残干部的暂行办法》确定的，当时经全国人大常委会批准。此外，中组部和人社部去年出台政策，明确正、副处级女干部、具有高级职称的女性专业技术人员年满60岁退休，如本人申请可在55岁时自愿退休。

中央财经大学社会保障研究中心主任褚福灵表示，劳动法、社会保险法等法律对退休年龄并未有其他详细规定，因此，延迟退休政策可能不涉及法律修改，"不过，方案完成修改后，肯定还需经过相应程序报经批准，才能最终出台。"

还有专家指出，参考养老"并轨"政策实施过程，延迟退休政策出台后，各地还将结合实际情况，在国家政策基础上出台具体实施细则，便于基层执行落实。

人社部社会保障研究所所长金维刚表示，这项政策可能有若干年缓冲期。2016 年开始征求意见，如果 2017 年正式出台，可能要在 2022 年左右开始实施。

二问：是否会挤占就业岗位？

目前，全国每年毕业 700 多万名大学生，去产能也涉及百万人安置问题。有人担忧，延迟退休与去产能可能对就业产生多向挤压，导致就业岗位大量减少。

清华大学教授杨燕绥表示，延迟退休和减少就业岗位不是简单线性替代关系。目前，我国经济结构、就业结构、企业结构都处在转型过程中，延迟退休带来的就业压力能够通过结构性转移就业缓解。例如，在与老人、儿童相关的服务业领域仍有上千万岗位的缺口。

人社部劳动科学研究所研究员张丽宾表示，按照小步慢走、渐进到位、区别对待、分步实施的原则，如果延迟退休 2021 年从女职工开始实施，据测算，影响的就业岗位数当年为 77 万个左右，2037 年为 171 万个左右，2050 年末为 175 万个左右。在这一长期的过程中，我国人口结构会有很大的改变，延迟退休对我国就业冲击有限，不必过分担心。

金维刚表示，延迟退休实施后可能会对灵活就业人员、企业效益不好的员工和长期下岗失业人员等群体产生一定影响。全国政协委员朴惠善等一些代表委员提出，在机关事业单位，若不相应增加编制和职数，年轻人在晋升等方面可能受到直接影响，需要研究解决办法。

三问：社保费率会降吗？

有观点认为，延迟退休意味着企业和个人的社保支出总量将继续增加，不利于企业减负和释放生产力。随着延迟退休，社保费率能否下降受到关注。

尹蔚民表示，如果能够顺利完成推行全民参保计划、推进养老保险全国统筹、推进养老保险基金投资运营等，在确保发放养老金的前提下可以适当降低社保费率。

一位在基层政府工作的人大代表建议，可以把社保费率下降作为延迟退休的配套政策，同步推出。

四问：能解决社保基金缺口问题吗？

有观点认为，延迟退休政策推出的一个重要目的，是应对养老金收不抵支的缺口。2011年养老金收不抵支的省份有14个，2012年为19个。日前，人社部表示，去年收不抵支省份为7个，数量有所减少，且都有累计结余。而全国养老保险基金2015年总收入2.7万亿元，支出2.3万亿元。

褚福灵表示，延迟退休后职工缴费年限延长，对于养老保险基金运转总体肯定利好，养老金水平也会相应提高。

此外，有研究显示，退休年龄每延迟一年，养老统筹基金可增长40亿元，减支160亿元，减缓基金缺口200亿元。

五问：劳动者意愿不同能否实行"弹性选择"？

一些工会界政协委员表示，延迟退休牵涉广泛，建议循序渐进，针对不同行业、不同部门有一定的差异性和灵活度，为劳动者设置弹性空间。国务院发展研究中心公共管理与人力资源研究所副所长李兰说，要在区别对待、分步实施的情况下，提前公示，做好意见征集，可考虑充分尊重大家合理的个人选择。

有人大代表表示，延迟退休不仅仅是"多劳动几年"的问题，应该统筹考虑国家社保体系的完善。

朴惠善建议："在延迟退休的同时，应相应增加岗位配置等指标，让年轻人看到希望，让'老人'更安心地工作。"

（新华社记者乌梦达、徐博、李劲峰、翟永冠、刘硕）

解读之二：降低社保费率还有多大空间？

"十三五"规划纲要草案明确提出，适当降低社会保险费率。2016年，一系列社保领域重要改革已经提上日程，为降低费率夯实基础。

去年国务院常务会议两次要求下调社保费率，但人社部最近公布的数据显示，我国社保总费率仍达 39.25%，企业也反映负担比较重。那么，今年的社保改革将有哪些突破？未来五年，适当降低社保费率空间在哪里？

适当降低社保费率，空间在哪里？

去年，国务院常务会议两次要求下调失业险、工伤险、生育险费率。据测算，每年可为企业和职工减负 670 亿元左右。人社部 2 月底公布的数据显示，当前我国社会保险五险费率合计为 39.25%。

一些代表委员表示，目前企业仍普遍反映社保费率较高，希望进一步降低费率。全国人大代表、思念集团董事长李伟在建议中说，失业、工商、生育保险费率下调的确为企业减了负，但降幅总计不到 2 个百分点，当前企业迫切希望尽快降低养老金费率。

业内专家表示，39.25% 社保费率中，养老和医保占 36% 左右，是绝对的大头，确实是今后降低费率的挖潜空间。

武汉市一位连锁餐饮企业负责人说，餐饮行业是劳动密集型行业，人工支出占营业额比例超过 20%。接近 40% 的社保费率中，养老保险费率为 28%，医保费率为 8%。"只有这两项费率降下来，企业负担才能明显减轻。"

全国人大代表刘芝旭表示，社保费率多年高位运行，加上与在岗职工平均工资挂钩的缴费基数年年上涨，导致企业人工成本负担较重。有代表委员认为，降成本作为供给侧改革的重点任务之一，进一步降低社保费率才能切实降低企业经营成本。

人社部社会保障研究所所长金维刚表示，适当降低社保费率，必须建立在确保社保基金长期收支平衡的基础上，否则就会"摁下葫芦起了瓢"，顾此失彼，得不偿失。"适时适当降低社会保险费率是中央提出的要求，也是广大企业的呼声，并且也列入政府的工作计划。但是，由于费率调整涉及因素较多，具体什么时候能降、能降多少，暂时还无法预计"。

降费率还需迈过"三道关"

降低社保费率在很大范围内已成共识，但近年来我国人口老龄化程度持续加剧，各项社保待遇水平持续提高，社保基金收支平衡面临压力。要降低社保费率，至少还要过三道难关。

——全国统筹。目前，我国社保基金以省级统筹为主，不能在全国范围内调剂使用基金，出现了各地基金结余不均衡、地区间费率高低差异明显。

全国人大代表曹勇建议，加快社保全国统筹的进度，降低城乡、区域差别，有助于解决一些地方收支压力，调剂余缺、抵御风险。

——征缴扩面。降低缴费比率，短期内会遇到总收入增长缓慢的矛盾。人社部部长尹蔚民日前介绍，目前城镇职工养老保险和城乡居民养老保险已覆盖 8.5 亿人，距离 10 亿人的应覆盖目标还有 15% 左右的空间。

全国人大代表齐牧建议，应采取加大扩面征缴力度、完善个人账户，鼓励多缴多得，让社保基金活起来、提高收益率、创新养老模式等积极措施。

——国有资本划归。去年 5 月，山东将 33 亿元国有资本正式划拨到新成立的山东省社保基金理事会名下，让地方国有资本划归社保正式破题。

一些代表委员表示，国家财政应加大对社保基金尤其是养老基金的投入，用中央财政预算列支，包括部分央企上缴利润和出售国有股权收入，以补充资金缺口。

三大关键方案有望出台，一些地方降费率已先行

今年的政府工作报告、预算报告草案、国民经济和社会发展计划草案提出，制定划转部分国有资本充实社保基金办法、完善职工养老保险个人账户、出台养老保险制度改革方案。

金维刚表示，上述三项方案都已列入有关部门今年的工作计划，拟定的各项方案需要报请国务院审定批准，从出台方案到正式实施，还需要过程。

业内专家表示，划拨国有资本充实社保基金办法是今年首次出现在政府工作报告中，值得期待，哪些国有资本可以划转、怎么操作，需要细化；职工养老保险基金全国统筹，重点是划分中央和地方的责任；完善养老保险个人账户，主要涉及个人账户投资运营，如何记账记息和管理，发挥激励性作用，鼓励大家长缴多缴。

一些代表委员表示，各地情况不同，但一些养老保险、医疗保险有结余的省市可以率先启动相关工作。

"新华视点"记者梳理发现，重庆、广东、天津、甘肃、江西、北京等近 10 个省市已相继出台文件，降低社保费率。

重庆规定小微企业比照本市个体工商户参加城镇企业职工基本养老保险的办法，单位缴费费率执行 12%；广东省结构性改革行动计划中

提出，要推进生育保险和基本医疗保险合并实施，下调职工医保单位平均费率、失业保险单位平均费率、工伤保险单位平均费率，明确到2016年底，为全省企业减轻社会保险费（含住房公积金）约350亿元；杭州提出，对企业缴纳的职工基本医疗保险费部分每年减征1个月，生育保险费率下降0.2个百分点。此外，天津、甘肃等多省市还出台困难企业缓缴养老保险的政策。

一些代表委员建议，社保费率改革涉及面大，"硬骨头"多，迫切需要有关部门和地方迎难而上，切实给企业减负。

（新华社记者乌梦达、李劲峰、刘硕、翟永冠、徐博）

国土资源部

GUOTUZIYUANBU

部长通道

因城施策　房价一定会稳定住

国土资源部部长姜大明 2016 年 3 月 9 日在列席十二届全国人大四次会议第二次全体会议前，经过"部长通道"时表示，通过因城施策的努力，房价一定会稳定住。

近期，一线城市房价上涨较快引起社会高度关注。姜大明表示，两会期间不少代表委员都提到了要增加土地供应面积来稳房价，对此国土资源部将采取有保有压、优化结构、分类调控等措施，合理增加城市土地供应面积。

在谈到主要措施时，姜大明表示，将对保障性安居工程应保尽保；充分发挥政府土地收储的作用，及时增加土地供应面积；盘活城市闲置土地，特别是房企长期囤积没有开发的土地；加大城市低效利用的土地再开发，支持棚户区和城中村改造；坚持和完善招拍挂制度，防止异常交易推高房价。

针对北京、上海、深圳等地方政府近期出台的房地产政策，姜大明表示，国土部将全力支持，相信通过地方政府因城施策的努力，房价一定会稳定住。"有些人担心一些地方土地调控会出现逆转，城市开发边界会被突破。相信在共同努力下，稳房价工作会在去库存中，促进房地产市场健康稳定发展。"他说。

党的十八届五中全会提出，建立城镇建设用地增加规模同吸纳农业转移人口落户数量挂钩。今年政府工作报告提出，建立健全"人地钱"挂钩政策。

对此，姜大明表示，这项工作已会同国家发改委、公安部、人社部、住建部制定了人地挂钩方案，正在按程序报批。主要原则是以人为中心，以人定地、人随地走。主要工作首先要准确统计和测算每个城镇新落户人口数量，根据城市规模和人均占用土地状况制定差别化标准。在此基础上合理确定城镇新增建设用地规模，通过相关规划保证工作落实。

关于不动产统一登记工作进展情况，姜大明透露，不动产登记注册表格已经统一，工作依据全面落实，信息平台开始试运行，中央层面数据陆续移交。在地方政府大力推动下，去年底市县两级不动产统一登记机构整合工作已基本完成，省一级和331个地市、98%的县已整合完毕，剩下2%是在西藏地区，可根据当地情况进行整合工作。

"今年的重点是整合工作在基层得到全面落实，加强统计登记信息系统运转，争取在2017年全面发挥作用。"姜大明说。

（记者吴雨、高敬）

权威声音

房产与地产的对话

——国土资源部部长与住建部部长眼中的去库存

化解房地产库存，与化解产能过剩一起，名列中央经济工作会议部署的五大任务。从2015年底召开的全国建设工作会议到2016年1月8日结束的全国国土资源工作会议，住房和城乡建设部部长陈政高、国土资源部部长姜大明，"房产总管""地产总管"眼中的"去化"任务是怎样的呢？

去库存：政策全方位、立体化

"要推进以满足新市民住房需求为主的住房体制改革，把去库存作为房地产工作的重点，建立购租并举的住房制度。"陈政高给出的措施是全方位的：大力发展住房租赁市场，推动住房租赁规模化、专业化发展。进一步用足用好住房公积金。继续推进棚改货币化安置，努力提高安置比例，今年新安排600万套棚户区改造任务。实现公租房货币化，通过市场筹集房源，政府给予租金补贴。改进房地产调控方式，促进房地产企业兼并重组。进一步落实地方调控的主体责任，实施分城施策、分类调控。

陈政高的"分城施策、分类调控"，与姜大明的"有保有压、有保有控"，异曲同工。

"去库存方面，要综合考虑房地产去库存和加快农民工市民化进程，实施有保有压的用地政策。"姜大明强调，创新适应新型城镇化要求的用地管理，加强建设用地分类管控。改革土地计划管理制度，实行三年滚动编制、按年考核调整。围绕支持新型城镇化建设，实施区域发展"四大板块"和"三大战略"，加快年度计划下达和建设用地审批。

"坚持有保有控，实行城镇建设用地新增指标与农业转移人口落户数量挂钩，保障1亿左右农业转移人口在城镇落户，对土地利用粗放低效的城镇严格控制新增建设用地规模。完善和拓展城乡建设用地增减挂钩试点。"他说。

去产能：抱薪救火不如釜底抽薪

住房就要占地，占地后就需要水泥、钢铁，而水泥、钢铁建厂更要占地……两大"去化"任务中，去产能与去库存的链条关系是明摆着的。不解决产能过剩，去库存犹如抱薪救火：水多了加面、面多了加水。

"结构性改革的重点是化解过剩产能，当务之急是处置'僵尸企业'。"姜大明态度明确：国土资源部门要在政府领导下制定配套政策，盘活企业存量土地，促进"僵尸企业"分类有序处置，稳妥安置分流下岗职工。"当前，要以煤炭、钢铁行业为重点，加快去产能步伐。国务院决定，三年内对煤炭、钢铁上新项目，一律不得核准、备案，各级国土资源部门要严把土地供应关口，切实做到守土有责。"

民生为大：去杠杆、加杠杆

耐人寻味的是，在去产能、去库存之外，姜大明还强调了第三个"去化"：去杠杆。

"国土资源领域风险比较集中，土地出让收入减少和违规土地抵押处置，可能诱发政府债务和金融风险。必须加强风险源调查研判，提高监测预警能力，坚决守住不发生区域性、系统性风险的底线。"

如果说土地抵押方面要"去杠杆"的话，百姓买房租房修房方面，去年以来一直在合理、有序地"加杠杆"。以公积金为例，四次降低贷款利率，进一步减轻购房者还贷负担；推进异地贷款，进一步支持住房消费；增加贷款额度，进一步提高使用率；降低首付比例，进一步福利中低收入家庭；放宽提取条件，进一步惠及租房职工，缓存工作扎实推进，进一步提升缴存质量。

特别是去年末，国务院法制办向社会发布《住房公积金管理条例（修订送审稿）》并公开征求意见和建议。这是条例时隔13年首次"大修"，从缴存、提取、增值收益使用、风险防范等多个方面进行了条款修订。

有减有加，是市场之道。有加有减，有去有来，2016值得期待。

（新华社记者王立彬）

背景介绍

《不动产登记暂行条例实施细则》
法定程序基本完成

依照《不动产登记暂行条例》要求，国务院国土资源主管部门会同有关部门制定的条例实施细则的法定程序目前已经基本完成。

记者从国土资源部获悉，不动产登记工作第四次部际联席会议通报了《不动产登记暂行条例实施细则》起草、征求意见情况以及各地不动产登记工作进展，就其出台进一步征求意见。部际联席会议召集人、国土资源部部长姜大明表示，不动产统一登记是转变政府职能、建立现代国家治理体系的一项基础性制度。2015 年 3 月《不动产登记暂行条例》颁布实施后，国务院高度重视细则制定工作。按国务院部署要求，在不动产登记部际联席会议成员单位支持配合下，细则制定的法定程序基本完成，出台实施条件初步具备。当前要齐心协力做好细则修改完善工作，共同做好细则出台后的引导衔接，加快实施不动产统一登记制度。

据国土资源部副部长王广华介绍，截至目前全国已有 198 个市(州)完成市级职责整合，1193 个县（区）完成县级职责机构整合，分别占全国市县总数的 60%、42%。地方不动产登记职责机构整合情况专项督察已全面启动。专项督察由不动产登记工作部际联席会议成员单位达成一致并经国务院同意，目标强力推进，全面实现登记机构、登记簿册、登记依据和信息平台"四统一"，并对 2015 年 12 月 31 日前不能如期基本完成不动产登记职责机构整合的地方提出问责。

（新华社记者王立彬）

环境保护部

HUANJINGBAOHUBU

治霾已到 "第二阶段" 新环保法 "长出利齿"

——环境保护部部长陈吉宁答记者问

十二届全国人大四次会议 2016 年 3 月 11 日在北京梅地亚中心举行记者会，环境保护部部长陈吉宁就 "加强生态环境保护" 的相关问题回答中外记者提问。

我国治理雾霾已到 "第二阶段"

陈吉宁在回应关于大气污染治理的问题时说，治理雾霾共分三个阶段，我国目前正处在第二个阶段。

"第一个阶段污染的排放量超过环境的容量，这个阶段可能对污染原因没搞清楚，付出再大努力也见效微弱；第二个阶段是持续治理阶段，但易受风速、湿度、降雨等自然边界条件影响，治理效果会出现波动，时好时坏。"他说，"第三个阶段是进一步治理污染排放阶段，此时不再受气候条件、水文条件、边界条件等影响，环境问题得以解决。"

陈吉宁说，中国正通过一系列硬举措应对硬挑战，优良天数、重污染天数、全年 $PM_{2.5}$ 浓度等指标正在发生积极变化。"我们能看到一个非常明显的改进趋势，去年首批实施新环境空气质量标准的 74 个城市 $PM_{2.5}$ 年均浓度为 55 微克 / 立方米，同比下降 14.1%，美国 NASA 卫星也观测到中国的东部和中部地区出现了颗粒物的降低。"

"土十条" 已基本成熟，报批后就可实施

谈到土壤污染问题，陈吉宁透露，"土十条" 文稿已基本成熟，下

一步将按程序报批后实施。

陈吉宁说，解决土壤污染问题，首先要摸清家底，开展详细的土壤污染详查，建立健全法规标准体系。重点解决农用地和污染的建设用地，提出明确的管控要求。

他表示，"土十条"将分别针对未污染土地、正在污染的土地、已经污染的土地分类做好风险管控，在风险管控的条件下做好修复。"我们要解决科学技术问题，提高科技保障能力，发挥政府的主导作用，强化目标考核。"

以"垂直"环保执法防止地方保护

在回答有关省以下环保机构监测监察执法垂直管理的问题时，陈吉宁表示，这项改革目的是增强环境监管的统一性、权威性和有效性。

"现在我们实行的是以块为主的环保管理体制，这个体制面临很多难以克服的问题。比如一些地方政府重发展轻环保，发展硬、环保软，有些地方政府的地方保护主义严重，干预环保监测监察执法。"他说。

陈吉宁表示，这项改革将落实地方政府及其相关部门的环保责任，解决地方保护主义对环境监测监察执法的干预，进一步统筹跨区域、跨流域环境管理问题，规范和加强地方环保机构队伍的建设。

陈吉宁同时透露，目前已经有 17 个省区市提出全面试点或部分试点的意向，大概将用一年左右时间完成试点，力争在 2018 年完成这项改革。

散煤管控"将有更大投入"

谈到煤炭消费与大气污染的关系，陈吉宁明确表示，我国大气污染很大程度上源自煤的燃烧，各方面也在大力推进清洁煤炭的使用。

"政府正在推动燃煤电厂的超低排放改造工程，要求电厂排放的二氧化硫、氮氧化物和烟尘接近天然气电厂的水平。"他说，"这是一项革命性的变革和举措，颠覆了'煤炭不清洁'的传统认识，会对我们解决雾霾问题带来积极影响。"

陈吉宁同时表示，煤炭对雾霾的影响主要由散煤造成，而散煤涉及千家万户，是一个比较难解决的问题。"我们下一个阶段将在做好散煤管控工作上有更大的投入，有更好的办法。"

五方面举措做好水污染防治

在回答关于水污染治理的问题时，陈吉宁说，去年出台的"水十条"涉及 35 个方面、238 项具体措施，目前已经有了细化方案，下一步主要从五个方面做好水污染防治工作。

陈吉宁介绍说，一是要着重和尽快解决群众最关心、反映最强烈的问题。"这里面有个叫'1 + 2'的工作重点。"他说，"'1'就是要保证饮用水安全，实施从水源到水龙头的全程监管。'2'是指好、差两头。首先要保住好的水，其次对老百姓反映突出的劣五类水体，特别是城市黑臭水体要限期解决。"

"第二还是要抓好预防，解决源头的问题。第三是突出重点领域，强化治理措施。第四是改变管理方式。第五是严格落实地方和企业的责任。"他表示，环保部门将加大监督政府部门和检查企业的力度，确保企业按照排放标准和许可满足环境的要求。

环保部去年公开约谈 15 名市政府负责人

"新环保法落实了地方政府的环境保护责任。去年环保部对 33 个市区开展了综合督察，公开约谈了 15 个市级政府主要负责人。"谈到去年开始实施的新环保法，陈吉宁说："我们也督促各省区市对 30% 以上的地市级政府进行环保督察，对 31 个市进行了约谈、20 个市县实施了区域限批、176 个问题挂牌督办。"

他介绍说，环保部门去年"抓住重点，铁腕执法"，各级环保部门下达行政处罚决定 9.7 万余份，罚款 42.5 亿元，比 2014 年增长了 34%；加强行政执法和刑事司法联动，联合公安部、最高检对两起性质恶劣的案件进行了挂牌督办，全国移送行政拘留案件 2079 起，移送涉嫌环境污染犯罪案件 1685 件；推动公益诉讼，去年全国各级法院受理环境公益诉讼案件 53 件，其中民事公益诉讼案件 47 件。

陈吉宁同时表示，去年环保部门共检查企业 177 万家，查处各类违法企业 19.1 万家，责令关停取缔 2 万家、停产 3.4 万家、限期改正 8.9 万家。

"十三五"将对 13 万个行政村进行环境整治

对于如何防止污染型企业向西部县域和农村转移，陈吉宁表示，未来五年将继续深化"以奖促治"政策的实施，开展新一轮的农村环境综合整治。

陈吉宁介绍，去年底，中央财政环保投入约 315 亿元，7.8 万个村庄开展了环境综合整治，1.4 亿人直接受益。"十三五"规划纲要草案明确提出，对 13 万个行政村进行环境综合整治，进一步改善农村人居环境。

他透露，下一步将创新农村环境保护机制，把地方政府农村环境保护的责任落到实处，同时进一步发挥中央农村节能减排资金的"种子"资金作用，整合各种相关资金推动农村环境整治和农村发展。此外，还将加大农村环境执法监管力度，着力解决工业和城市污染向农村转移、污染"上山下乡"问题，依法严肃查处各种损害农民利益的环境违法行为。

（新华社记者罗沙、韩洁、李汶羲）

陈吉宁回应京津冀重污染热点问题

2015年底，中国连续出现了5次重污染天气过程，其中京津冀及周边地区出现3次，持续时间长，影响范围大。出现这种情况的原因是什么？环保部门将采取哪些针对性措施？如何完善重污染应急机制？环保部部长陈吉宁2016年2月18日在国务院新闻办公室举行的中外媒体见面会上一一作出回应。

陈吉宁说，重污染天气的成因主要包括3个方面：一是遇到了极端不利的气象条件，受强厄尔尼诺现象影响，特别是供暖后气象条件要差很多；二是平时采取的措施有助于全年污染物浓度降低，但对冬季、特别是取暖季的针对性不强，效果不是特别好，尤其是供暖季散煤的问题；三是怎样应对重污染天气、什么时候发布警报、采取什么措施，环保部门应对能力还是不足。

他说，对于当前尚未结束的供暖季，将重点做5件事：一是做好重污染天气的应对工作，环保部启动了"2 + 4"行动，即北京、天津和周边保定、廊坊、唐山、沧州4个城市，在2016年3月15日前要执行统一的预警响应标准；二是强化监测信息共享，2016年1月底之前，所有京津冀地区的污染监测数据已经实现共享；三是特别关注高架源，即通过烟囱高空排放的污染物，要求京津冀所有国控企业的在线监测必须跟环保部联网，不达标的要进行整治；四是严格机动车监管，特别是要加大柴油车抽检力度；五是组织开展大气专项检查，针对京津冀地区大量的小散污染企业重点执法，打掉一批违法排污和不能够限期达标排放的小企业。

对于环保部门如何完善重污染天气的应急应对机制，陈吉宁表示，环保部将做好4项工作：一是及时预警，明确要求按污染上限进行预警；二是推动重点区域要有统一的分级标准；三是提高预案的针对性、准确性和科学性，发挥好预警的作用；四是提高预测能力，共享信息，推动技术创新。

（新华社记者吴晶晶、余晓洁）

打好环境保护持久战和攻坚战

"中国今天的环境问题可以概括为三句话：环境污染严重、环境风险高、生态损失大。"环保部部长陈吉宁2月18日在国务院新闻办公室举行的中外媒体见面会上说，要以改善环境质量为核心，打好环境保护持久战和攻坚战。

2015年，全国环保部门全力打好环境治理攻坚战。2015年全国空气质量总体趋好，首批实施新环境空气质量标准的74个城市细颗粒物（PM$_{2.5}$）平均浓度同比下降14.1%。2015年全国化学需氧量、氨氮、二氧化硫、氮氧化物排放总量同比分别下降3.1%、3.6%、5.8%、10.9%，"十二五"减排目标超额完成。

"我们也看到，中国的环境与老百姓的要求和期盼相比还有很大的差距。"陈吉宁说，2015年338个地级及以上城市中265个城市PM$_{2.5}$不达标，平均超标天数比例达23.3%。水污染方面，劣V类水体在减少，但是城市黑臭水体、一些支流污染、湖泊富营养化等问题依然很严重。"我们确实还面临着非常严峻的环境形势。"

他表示，中国今天的环境压力，与我们的发展阶段密切相关。"要在发展中来解决环境问题，这是一个巨大的挑战，我们要以改善环境质量为核心，在战略上保持定力，着急了不行，不作为也不行，实行最严格的环境保护制度，打好持久战；在战术上，明确阶段性目标，打好攻坚战，一步一步推动环境问题的解决。"

据介绍，2016年，环保部将坚决治理大气、水和土壤污染。持续实施《大气十条》，强化冬季大气污染防治和重污染天气应对。全面落实《水十条》，确保完成年度目标任务，编制《长江经济带生态环境保护规划》。加快出台实施《土十条》，推动实施煤电超低排放改造、工业源全面达标排放等重大治理工程。

同时，环保领域改革将深入推进。将全面开展环境保护督查，强化督政问责。推进国家环境质量监测事权上收，组织省以下环保机构监测监察执法垂直管理、生态环境损害赔偿等试点。改革环境治理基础制度，完善联防联控协作机制。在电力、造纸行业和京津冀地区率先推行排污许可证管理。

陈吉宁表示，过去不守环保法在中国是一个突出问题，核心原因一是过去的环保法太软，二是确实存在地方干预问题。"今年要继续加大环保执法力度。希望经过不断努力，法制环境不断完善，真正做到企业守法，地方政府履行环保责任。"

据介绍，新环境保护法实施后，环保部门以偷排、偷放等恶意违法排污行为和篡改、伪造监测数据等弄虚作假行为为重点，依法严厉打击各类环境违法行为。2015年全国实施按日连续处罚、查封扣押、限产停产案件8000余件，移送行政拘留、涉嫌环境污染犯罪案件近3800件。

"各地去年共对163个市开展了综合督查，对31个市进行了约谈，对20个市县实施了区域限批，对176个问题进行了挂牌督办。这些措施有力地推动了地方政府落实责任，推动解决了一批突出环境问题。我们希望用3年左右的时间对全国所有地市进行一次督查，真正落实地方政府的责任。"陈吉宁说。

（新华社记者吴晶晶、余晓洁）

把解决"红顶中介"问题当政治任务

"去年年底之前，环保部 8 家环评机构已全部脱钩，跟环保部没有任何关系了，我们兑现了对社会的承诺。另外，全国各地完成了 140 家环评机构脱钩工作。今年还有 200 家类似的环评机构需要脱钩。"

国务院新闻办公室 2 月 18 日举行大气污染治理和环境保护情况中外媒体见面会。环境保护部部长陈吉宁在回答记者关于"红顶中介"的提问时说。

"红顶中介"社会关注度高。去年全国两会上陈吉宁曾承诺：2015 年底前环保部直属的 8 家环评机构率先完成脱钩。

"我讲的脱钩是彻彻底底的脱钩，人员完全脱离，财务全部脱离，没有任何资产方面的联系。我们就是要从制度上解决'红顶中介'问题，避免出现一个部门既当裁判员又当运动员的情况，从而保障制度执行的公正性。"陈吉宁说。

陈吉宁坦言：这项工作非常繁重，也很敏感。这是割自己的肉，阻力很大，但是我们坚定不移。

"今年，我们将继续加强对这项工作的调度和督促，按时完成任务。同时，我们也在加强环评制度的一系列改革。对'红顶中介'，我们把它当作一项政治任务，必须完成，没有任何条件。"陈吉宁说。

（新华社记者余晓洁、吴晶晶）

深度解读

解读之一：治雾霾，风厉害还是人厉害？

——政协委员之间的"交锋"

"到底是环保工作者厉害还是风厉害？面对雾霾的时候。"在 2016年 3 月 7 日的全国政协十二届四次会议记者会上，全国政协委员、资深媒体人白岩松在回答完记者提问后，重返"老本行"，转而向同台的其他委员发问。

全国政协委员、原国土资源部副部长胡存智接招说："我想风也厉害，环保工作者也厉害"，但治理雾霾不能天天等风来，需要靠人来治理。

胡存智说："应该更多地发挥人的力量，做好环境治理。风来，我们更欢迎；风不来，我们也同样要过上幸福的日子。"他说，"十三五"规划纲要把环境的治理目标列为约束性指标，相信经过持续治理，人一定比风厉害。

谈及媒体和环保工作的关系时，白岩松说，"媒体要当喜鹊，更要当好啄木鸟。通过叼出树干上一个又一个害虫，给自己找到食，更重要的是维护整个森林的健康。"在偷排、超标排放等环境事件中，新闻媒体要当政府和老百姓的眼睛。

白岩松指出，每一个媒体人都要当好"蜜蜂"，身体力行地将环保行为变成自己的生活习惯。

"给大家看两个道具，这不是专门为今天带来的，而是我长期使用的。"说着，他从自己的衣服口袋里掏出一块手帕，"这是一块手绢，两个人每天用手绢 8 次，一年下来就可以保护一棵 20 年树龄的树"。

白岩松的第二个"道具"是地铁卡，"我去政协开幕就是坐地铁来回的"。他还提到，绿色布口袋也是"好道具"。白岩松说，布口袋的最大好处是可以大量减少塑料袋的使用，而且它极其方便。

2016年的政府工作报告提到，"十三五"期间治理大气雾霾取得明显进展，地级及以上城市空气质量优良天数比率超过80%。

全国政协委员、环境保护部副部长吴晓青说，完成以上目标要经过艰苦努力。他说，目前有些地方经济下滑，环境保护的决心有所淡化，但绝不能以牺牲环境来换取一时的经济增长。

吴晓青建议严格考核问责，尤其要严格环境执法，绝不能因为一时的经济发展，导致环境目标任务完不成。

关于雾霾成因，全国政协委员、中国科学院院士秦大河说，当前情况下，散烧煤和没有清洁的煤，是造成中国城市雾霾或者东部雾霾的主要原因，汽车尾气是另一原因。他说，到2050年中国的煤作为能源比重仍会在50%左右，因此煤的清洁利用是关键。

针对中国的碳排放在2014年已达到峰值的说法，全国政协委员、全国政协人口资源环境委员会副主任解振华予以否认。他说，中国的二氧化碳排放还在增加，但是采取的减排力度非常大。

解振华说，最近20年，中国累计节能量是全球总节能量的58%，中国可再生能源装机容量占全球24%—25%，最近这几年的增量部分占了全球的37%—42%。他说，中国在节能、提高能效、发展可再生能源方面的进展得到国际社会充分肯定。

解振华指出，中国提出到2030年左右出现二氧化碳排放的峰值，这和中国的经济发展阶段有直接关系。中国正在进行工业化、城镇化、农业现代化和信息化，这个过程还要能源的支撑，但是能源结构、产业结构要进行大幅度调整。

（新华社记者朱小龙、李云路、侯丽军）

解读之二：中国艰难推进水气土环保"三大战役"

一个健康发展的国家，和人一样，离不开洁净的空气、水和土壤。2016年全国两会前启动的"我向总理说句话"网上征集活动中，希望继续加大环境保护力度的意见名列前茅。

中国环保部部长陈吉宁表示，"十三五"期间，将实行最严格的环境保护制度，确保2020年生态环境质量总体改善。据测算，今后五年中国环保投入将增加到每年2万亿元左右。

自2013年9月《大气污染防治行动计划》（"大气十条"）颁布以来，中国的"蓝天保卫战"已经打响。经过治理，2015年中国城市空气质量总体好转，全国338个地级及以上城市平均达标天数比例为76.7%。

过去五年里，中国四项主要污染物——化学需氧量、氨氮、二氧化硫、氮氧化物排放量分别降低10.1%、9.8%、12.9%和8.6%，提前半年完成主要污染物减排"十二五"规划目标。

但为何老百姓的体验与空气质量改善的数据不相符？正如政协大会新闻发言人王国庆所表示的，"铁腕治污，既要有火烧眉毛的紧迫感，更要有'积跬步，至千里'的理性和耐心。"

研究证实，雾霾与能源结构、工业排放有直接关联，从遭受污染到治理直至初见成效，通常需要至少20年左右的时间。

依据国际经验，水污染治理也是一个漫长和综合的过程，对发展中国家尤其如此。全国政协委员、环境保护部南京环境科学研究所所长高吉喜说："治理水的污染问题不能单纯从水上下功夫，应从水量、水质、水生态三个方面统筹，根据当地实际情况因地制宜。"

2015年4月，中国发布《水污染防治行动计划》（"水十条"）向水污染宣战。数十项措施旨在统筹协调、标本兼治。

"往年夏天，窗户都不敢开，几里外都能闻得到臭味，现在水质和气味都好太多了。"安徽巢湖蓝藻现象备受海内外关注，世居巢湖岸边的姜清泉老人深刻感受到治理的力度和成效。

当地实施了"河长制"管理、水质监测、水岸清理、污染源治理等一整套工程，一座设计日处理藻浆 3360 立方米的塘西河藻水分离港已正式投入运营。

治污会影响经济增长吗？相比 1995 年到 2005 年巢湖污染高峰期，近年来滨湖地区人口和 GDP 都在成倍增长，但水体污染却保持在低位波动。今后，巢湖治理的做法和成功经验将在更大范围内得到推广。

在环保"三大战役"中，最难打的还是"土壤保卫战"。

相对于看得见的"雾霾天""水污染"，"看不见"的土壤污染更容易被人忽视，但它释放的过程漫长，危害性更大。随着 2013 年湖南大米镉超标事件被曝光，土壤污染走进公众视线。2014 年《全国土壤污染状况调查公报》显示，中国土壤总的点位超标率为 16.1%。

土壤修复治理在全世界范围内都是一项技术难题，中国相关法律法规方面的缺失也给治理带来困难，中国现有的环境保护法对土壤污染防治也有约束，但远远不够。

2016 年全国两会，农工党中央带来了"完善土壤防止法律体系，依法遏制土壤污染"的提案，呼吁土壤立法和相应的配套政策措施早日出台。

据悉，环保部已经制定了《土壤环境保护和污染治理行动计划》("土十条")，并提交国务院审核。和"土十条"相对应的《土壤污染防治法》也列入十二届全国人大常委会的立法规划，并启动了前期工作。

来自浙江宁波滕头村的傅企平代表建议，就农村土地污染而言，应该建立土壤生态补偿基金制度，由可能造成污染的企业和政府共同提供补偿基金的来源，对造成污染的土地进行补救治理。

"关键要走出'前人污染、后人治理'的恶性循环，杜绝企业污染，老板发财，群众遭殃，政府买单的状况。"全国人大代表、安徽省铜陵市委书记宋国权说，希望"最严格环境保护制度"能够在"十三五"开局之年不打折扣地贯彻实行。

（新华社记者刘斐、李云路、杨丁淼）

解读之三：从"概念图"到"施工图"

——解读"十三五"时期我国环境治理新图景

扩大污染物总量控制范围，将细颗粒物等环境质量指标列入约束性指标；发展绿色金融，建立绿色发展基金；到 2020 年实现生态环境质量总体改善……《中共中央关于制定国民经济和社会发展第十三个五年规划的建议》提出的一些新目标、新理念，勾勒出"十三五"时期我国环境治理的新图景。

专家表示，"十三五"规划建议将此前出台的《关于加快推进生态文明建设的意见》和《生态文明体制改革总体方案》等顶层设计，由"概念图"转换为"施工图"，必将大幅度推进我国绿色发展进程。

环保部拟将空气质量达标天数纳入约束性指标

"十一五"以来，我国把节能减排列为约束性指标，着力解决经济发展过程中资源环境代价过大的问题，取得了显著成绩。

据环保部污染排放总量控制司初步估算，2015 年前三季度，全国化学需氧量、氨氮、二氧化硫、氮氧化物排放总量分别比去年同期下降 3%、3%、5%、9% 左右，"十二五"规划五年总目标已提前完成。

然而，近年来长时间、大范围的雾霾污染频发，让人们对污染减排的效果产生种种质疑。有观点甚至认为污染减排只是一场"数字游戏"，统计数字不准确，环境质量改善效果不佳。

环保部污染排放总量控制司司长刘炳江回应指出，"十一五"以来，全国 GDP 由 2005 年的 18.6 万亿元增加到 2014 年的 63.6 万亿元，煤炭消费量由 24 亿吨增加到 42 亿吨，主要工业产品钢铁、水泥、电解铝等产量均增加了一倍以上，与此同时，主要污染物二氧化硫、氮氧化物排放总量不仅未因经济发展、能源消耗的增加而同步增长，反而呈现下降态势。

"这说明通过总量减排，重点抓电力、钢铁、水泥等高排放行业治理工程建设和运行，对减少污染物排放发挥了重要作用。"刘炳江说。

他同时指出，影响灰霾天气的因素很多，首先是污染物排放量过大，一些主要污染物的排放量达到 2000 万吨级的水平，每年仅仅减少几个百分点，难以达到环境质量改善的效果。此外，产生灰霾的污染物除了二氧化硫、氮氧化物，还有颗粒物、挥发性有机物、氨等。

为此，"十三五"规划建议提出扩大污染物总量控制范围。在"十一五"时期总量控制只有两项污染物，"十二五"时期总量控制为四项污染物——二氧化硫、氮氧化物、化学需氧量和氨氮的基础上，"十三五"不仅要将重点行业挥发性有机物纳入控制指标，还明确将细颗粒物（$PM_{2.5}$）等环境质量指标列入约束性指标。

刘炳江表示，这体现了国家改善大气质量的决心，环保部正在研究将空气质量达标天数也纳入约束性指标，对京津冀及周边地区的重污染天数等指标提出更加严格的要求，加大对政府的考核力度，促进环境质量的改善。

发展绿色金融，建立绿色发展基金

资金瓶颈，是绿色低碳发展的一大挑战。要想实现绿色发展，以金融创新化解这一金融瓶颈势在必行。

长期以来，我国绿色金融发展滞后。2014 年 6 月发布的《中国低碳金融发展 2014 年度报告》显示，绝大多数银行绿色信贷总额与总资产的比例低于 2%，排名第一的兴业银行绿色信贷余额占比也只有 3.46%，与总资产相差甚远。而且，我国绿色金融实践主体是银行，融资形式以间接融资为主，其他金融机构参与程度更弱。

继《生态文明体制改革总体方案》提出"建立绿色金融体系"后，"十三五"规划建议进一步明确，要发展绿色金融，设立绿色发展基金。

"构建绿色金融体系是实现稳增长调结构的重要举措，是筹措环境保护资金的重要渠道，是减轻财政环保支出压力的重要途径。"环保部环境规划院副院长吴舜泽说。

他认为，我国应抓紧构建国家绿色金融体系，重点从设立环境金融机构、创新绿色金融产品、完善环境金融服务、健全绿色金融政策四个方面发力，搭建基于绿色信贷、绿色股票、绿色债券、绿色基金、绿色保险的绿色金融体系框架。

吴舜泽说，建立环境保护基金是加强政府资金引导作用和提高资金使用效率的重要途径。为推进水、大气、土壤污染防治行动计划的实施，应着力加快构建国家环境保护基金，重点支持环保领域政府和社会资本合作项目、环境污染第三方治理项目融资，采取低息贷款、股权投资、以奖代补等方式，充分调动地方和市场活力。

啃"硬骨头"实现环境"良治"

雾霾袭城，水体黑臭，土壤污染……当前生态环境存在的一系列问题，已成为全面建成小康社会的突出短板。"十三五"规划建议明确，到 2020 年，实现生态环境质量总体改善，主要污染物排放总量大幅减少。

"这一目标的确立标志着我国环境保护要求发生转折性变化，同时也意味着'十三五'将实行一系列重大的生态环境保护行动。"环保部环境与经济政策研究中心主任夏光说。

吴舜泽认为，长期以来，我国生态环境质量一直处于"局部改善、整体恶化"的态势，在全面建成小康社会的历史阶段，要求实现生态环境质量总体改善，就要求从改善范围和领域上要全面，从改善程度上要明显，惠及对象要覆盖大多数的人民群众。

在吴舜泽看来，要实现"十三五"时期生态环境质量总体改善的目标，当前还面临诸多挑战。一是工业化城镇化双轮驱动的环境压力大，产业、能源结构调整具有长期性、艰巨性；二是区域环境保护不平衡性加大，污染型、高耗能型产业向中西部转移的形势加剧；三是环境污染逼近临界，生态环境系统脆弱性明显加大，环境风险易发高发态势明显。

此外，系统推进环境保护的难度大，环境管理交叉错配现象严重，统一的生态环境管理体制改革关系到多个部门职能权利，很难调整，也是推进实现环境"良治"道路上难啃的"硬骨头"。

为此，他建议，"十三五"时期要将质量改善作为首要任务与主线，重点打好遏制黑臭水体、灰霾天气"攻坚战"，强化质量、总量、风险协同推进，多污染物协同治理，从政府主导向社会共治、多方制衡转变，政府市场两手发力，倒逼与激励并重，实现环境"良治"，确保实现生态环境质量总体改善的目标。

（新华网记者崔静）

住房城乡建设部

ZHUFANGCHENGXIANGJIANSHEBU

对今年房地产市场平稳健康发展充满信心

住房和城乡建设部部长陈政高 2016 年 3 月 5 日在列席当天开幕的十二届全国人大四次会议前，经过"部长通道"时说，住建部高度关注近期一线城市房价变化，目前北上广深四城市正想方设法稳定市场。他表示，对今年房地产市场的平稳健康发展充满信心。

被问及如何看待近期房价暴涨现象，陈政高说，住建部正与北上广深四城市密切沟通联系。这四个城市承担调控主体责任，正想方设法稳定市场。做法包括：实行严格限购政策；执行严格的差别化税收和信贷政策；增加土地供应面积，及时披露信息稳定信心；增加中小套型住房供应数量，搞好保障性住房建设；打击交易违法违规行为；正确引导舆论主动发声，稳定人心、稳定预期、稳定市场。

对于当前的房地产市场形势，陈政高指出，总体看，去年商品房销售企稳回升，去年 8 月起房地产销售由负转正，年底销售面积和销售额分别增长 6.5% 和 14.4%，今年年初两个月仍保持上涨；但同时城市间分化越来越严重，一线二线三线城市大不一样。此外，待售面积太大，去库存任务重，待售商品房面积约有 7.18 亿平方米，中央也因此将"去库存"列为五大重点任务之一。

陈政高表示，看房地产形势必须看基本条件。当前中国经济长期向好的基本面没有变，中国城市化进程没有变，城市市民特别是新市民的住房需求没有变。他对今年房地产市场平稳健康发展充满信心。

（新华社记者韩洁、刘敏）

房地产形势呈三大特点
五项措施稳定北上广深房价

住房和城乡建设部部长陈政高在人民大会堂"部长通道"接受采访时表示，当前我国房地产形势呈现三大特点，其中，城市间分化日趋严重。

陈政高表示，当前房地产形势呈现三大特点，第一是 2015 年的销售实现回升，8 月销售由负转正，年底的销售面积增长 6.5%，销售额增长 14.4%。2016 年 1 月至 2 月依然保持了这个态势。第二是城市间分化严重，一线二线三线四线城市的分化情况日趋严重。第三，目前我国房地产库存仍然较大，因此中央将去库存列为今年的五大重点工作之一。

陈政高表示，目前我国一线城市房价变化非常大，须对此保持高度关注。目前正在与北京、上海、广州、深圳四城市保持密切沟通，想方设法稳定房地产市场。

陈政高说，当前，北上广深四个城市稳定市场的具体措施包括：一是实行严格的限购政策，同时实行严格的差别化税收和信贷政策；二是增加土地供应面积，并要及时公布信息，以稳定信心；三是增加中小户型供应数量，搞好保障性房屋供应建设；四是打击各种交易当中的违法违规行为；五是正确引导舆论。

陈政高表示，中国经济长期向好的基本面没有变，中国的城市化进程没有变，城市居民和新市民的住房需求没有变，在党中央和国务院的坚强领导下，随着各种调控措施的出台落实，对今年的房地产平稳健康发展充满信心。

（新华社记者高洁、刘景洋、熊琳）

直面热点

稳定房价 规范中介 鼓励棚改货币化

——住房和城乡建设部相关负责人答记者问

2016年3月15日上午，十二届全国人大四次会议在北京梅地亚中心举行记者会，住房和城乡建设部部长陈政高，副部长陆克华、倪虹就"棚户区改造和房地产工作"相关问题回答中外记者的提问。

应对中国房地产市场平稳健康发展充满信心

当前房地产市场虽有回升态势，但分化加剧。针对市场的诸多担忧，陈政高表示，对中国房地产市场的平稳健康发展应该充满信心。

陈政高说，当前要看清房地产市场的主要特点和基本条件。从特点上看，房地产市场销售已企稳回升，但分化趋势严重，库存严重，库存主要集中在三四线城市。

从基本条件看，中国经济长期向好的基本面没有改变，这是房地产市场平稳健康发展的前提条件；中国的城镇化进程没有变，为房地产发展提供了巨大空间；居民的住房需求，特别是新市民的住房需求没有变，这是未来房地产发展的巨大潜力。党中央、国务院还有各项宏观调控措施，各个地方、各个城市也承担起宏观调控的主体责任。

此外，中央经济工作会议提出要以满足新市民住房需求为主要出发点来进行新一轮的住房改革。陈政高表示，根据中央要求，住建部会同有关部门起草了深化住房制度改革的方案，整个工作还在进程当中。

稳定一二线城市房价是重要任务

针对舆论关注的北上广深等城市房价"暴涨"问题，陈政高表示，目前的一项重要任务是稳定一线城市和部分二线城市房价。通过相关城市和部门的共同努力，网签数据显示已经收到一定成效。

陈政高介绍，春节后，一线城市房价上涨过快。一线城市都主动履行了调控的主体责任，采取了很多措施，包括实行严格的限购、税收、金融政策；增加土地供应并公布于众稳定预期；增加中小套型的供应数量，搞好保障房建设；打击各种违法违规行为；主动发声引导舆论。

"从网签数据看，这些工作已收到了一定成效。"陈政高说，部分二线城市春节后房价也上涨过快，住建部正密切关注随时沟通。下一步除了做好一线和部分二线城市的房价稳定工作外，还将抓好价格监测，随时发现问题，及时提出对策，努力保持房地产市场平稳健康发展。

实施街区制不是"一蹴而就"

对于社会关注的开放式小区建设问题，陈政高表示，实施街区制是一个过程，不是"一蹴而就"，也不是一天要完成。

陈政高说，《中共中央国务院关于进一步加强城市规划建设管理工作的若干意见》全面部署了今后一个时期城市规划建设管理工作的方向和重点工作。在落实过程中，要严格依法依规办事，要切实保护群众的合法权益。

"关于街区制，文件提出了方向性、指导性的要求，在具体的实施当中还要制定具体的方案，还要细化这些措施，还要依法依规办事。"他说。

棚改货币化安置比例今年力争达到 50%

棚户区改造是重大民生工程。倪虹透露，去年棚改货币化安置比例达到29.9%，今年力争达到50%，有助于加快房地产去库存。

倪虹说，货币化安置方式提高了棚改效率，建回迁房一般要两年到三年时间，通过货币化安置可以马上就让动迁居民住到新房子里，免受过渡之苦；棚户区居民增加选择余地，可考虑就近安家；棚改可不受时间、季节限制；有利于房地产市场的去库存；确保棚改工作更公开透明。

倪虹介绍，今年棚改要开工改造600万套住房，同时提高货币化安置比例，任务依然艰巨。财政在收支压力大的情况下仍提高了补助标准，各地分解任务目前也比往年提前全部落实，国开行、农发行等政策性银行也加大支持力度，相信今年棚改任务一定能全面完成。

农民工城镇购房潜力大

"一些中小城市农民工购房占购房总量的30%左右，在县城占到50%，甚至更高。"陈政高表示，农民工在城镇购房潜力很大，目前各银行主动作为支持农民工进城买房，农业银行仅1月就为5.4万户家庭发放了170亿元贷款，支持农民工购房。

陈政高说，鼓励农民工进城购房要以满足新市民住房需求为主要出发点，不单纯是购房，还包括租房。除了购房优惠政策，解决农民工就业和落实享受基本公共服务的政策，特别是小孩上学，对农民工进城购房吸引力非常大。

谈到农民工入城买房首付问题时，陈政高说，农民工进城购房首付比例和其他居民没有区别，当然，北上广深一线城市除外。"对于场外给非农民工，也包括农民工提供首付贷的问题，人民银行已经有明确态度，这是不可以的，要进行专项整治。住建部将配合人民银行做好这项专项整治。"他说。

违法违规中介和从业人员将入黑名单

针对一些房地产中介发布虚假房源信息、加价卖房牟取暴利等不法行为，陆克华表示，我国目前有 6 万多家房地产中介机构，住建部已决定今年开展一次专项规范和整顿行动。

陆克华说，专项行动将重点规范中介机构房源信息发布，全面推进房地产转让合同的网签，切实加强房地产交易资金的监管，强化对房产中介的备案管理，加强中介从业人员管理，完善信用信息系统，将信用不良的、违法违规的中介机构和从业人员纳入系统形成黑名单。各级房地产主管部门也要加大日常的监督检查力度。

针对房屋租赁市场存在的问题，倪虹表示，相较于住房交易市场和保障体系，我国房屋租赁市场的发育相对落后。目前住建部正抓紧研究，要提出加快住房租赁市场发展的意见，从完善法律法规、体制机制和培育市场主体等方面，尽早形成一个完整、有序运行的租赁市场。

（新华社记者李汶羲、韩洁、罗沙、荣启涵）

交通运输部

增强交通运输供给的经济性和高效性

——访交通运输部部长杨传堂

交通运输供给的优劣，会传导到经济供给侧，进而影响经济发展质量和效益。"十二五"期间，我国交通运输取得了哪些成绩、实现了哪些飞跃？在服务国家供给侧结构性改革方面，如何勾勒"十三五"时期的发展蓝图？新华社记者 2015 年 12 月 28 日在全国交通运输工作会上专访了交通运输部部长杨传堂。

"十二五"：交通运输稳增长、扩内需

杨传堂说，"十二五"期间，我国交通运输圆满完成了"十二五"规划目标任务，实现了交通运输发展阶段由"总体缓解"向"基本适应"的重大跃升。

"十二五"期间，我国交通运输发展理念不断提升、支撑发展全局作用更加凸显、综合交通运输改革和法治建设取得重大进展、综合交通基础设施网络加快形成、综合运输服务保障能力整体大幅提升。

"十二五"时期，完成交通固定资产投资超过 12.5 万亿元，是"十一五"时期的 1.6 倍，再创历史新高，为稳增长、扩内需作出了积极贡献。"一带一路"、京津冀交通一体化、长江经济带综合立体交通走廊建设等具体措施出台，加快推进交通基础设施互联互通、

促进国际运输便利化。"海运强国""公交优先"等上升为国家战略，交通运输在国民经济和社会发展全局中的地位进一步提升。

统计显示，全国铁路营业总里程达 12 万公里，高速铁路 1.9 万公里；全国公路通车总里程达 457 万公里，高速公路里程突破 12 万公里，农村公路里程突破 397 万公里；沿海港口万吨级以上泊位超过 2100 个，总通过能力达 79 亿吨，"两横一纵两网十八线"内河航道建设取得积极进展；全国民航运输机场达 214 个，通勤和其他通用机场加快发展；全国邮政网点总数达到 5.3 万处，重点快递企业乡镇网点覆盖率达 70%；集中连片特困地区 92% 的县城通二级及以上公路、86.5% 的建制村实现通畅。

2015 年，全社会客、货运输量预计分别达到 222 亿人和 457 亿吨，综合运输服务保障能力稳步提升。交通运输部兑现"更加贴近民生 10 件实事"承诺，制定"互联网＋便捷交通"行动方案，新建改建农村公路超过 24 万公里，高速公路实现全国 ETC 联网。

降低运输成本、扩大有效供给

"交通运输的结构性问题，突出表现为有效供给不足。"杨传堂说，交通运输是连接生产和消费的重要环节。在基础设施方面，供给总量不足的问题仍然突出，补齐短板、强化衔接、消除瓶颈、优化网络等结构性供给不足问题日渐凸显。

在运输服务方面，产业迈向中高端、消费结构升级等产生新需求，轻质化、高附加值、一体化的货运供给不足，快捷化、个性化的客运服务供给缺口较大。与绿色发展的新要求相比，运输装备仍有较大改进提升空间。

杨传堂表示，这些结构性问题，仅靠刺激需求无法解决，必须更多放在供给侧，扩大有效供给，使供给体系更好适应需求结构变化，实现由低水平供需平衡向高水平供需平衡跃升。

"归结起来，就是要提高供给质量效率、降低运输服务成本。这既是服务国家供给侧结构性改革的应有之义，也是扩大交通运输有效供给的内在要求，两者是紧密关联、辩证统一的。"杨传堂说。

杨传堂说，交通运输部将以此为重点，更加注重补齐交通基础设施短板，加快建成综合交通基础设施网络；更加注重提升运输服务品质，提高供给质量和效率，更好适应运输需求新变化；更加注重运输装备提档升级，提高运输装备的现代化水平；更加注重各种运输方式协调发展，加强各种运输方式的深度融合与有效衔接，大力发展多式联运，发挥好综合交通运输的组合效率，降低运输成本；更加注重推进放权降费，加快放开交通运输领域竞争性环节价格，降低重要运输环节费用。

"十三五"：坚决打赢交通扶贫脱贫攻坚战

从 2014 年开始，交通运输部启动了综合交通运输"十三五"发展规划和各专项规划的编制工作，对今后五年综合交通运输工作进行谋划安排，明年将陆续颁布实施。

杨传堂强调，"十三五"期间，补齐贫困地区交通运输发展"短板"，确保到 2020 年全面建成"外通内联、通村畅乡、班车到村、安全便捷"的贫困地区交通运输网络，为贫困地区与全国同步全面建成小康社会提供交通运输保障，是交通运输行业的第一民生工程。

"十三五"期间，要推进京津冀交通一体化，高起点建设长江经济带综合立体交通走廊。扩大基本运输服务通达度和覆盖面，大力提升公共交通出行分担率，有条件的建制村全部通班车，保障陆岛运输，推动航空出行大众化，所有建制村直接通邮，基本运输服务使出行更方便、价格可承受。

杨传堂表示，必须牢固树立和贯彻落实创新、协调、绿色、开放、共享的发展理念。培育交通运输发展的新动力，形成交通运输平衡发展的新格局，探索交通运输可持续发展的新模式，开拓交通运输发展的新空间，让人民群众共享交通运输发展的新成果。

（新华社记者赵文君）

为全面建成小康社会当好先行官

——访交通运输部部长杨传堂

出租车改革、收费公路等一系列社会热点问题，使交通运输行业近年来一直处于社会关注的风口浪尖上。交通运输体制改革如何向深水区迈进？交通发挥了什么样的先行官作用？在服务民生方面有哪些新亮点？作为交通运输部统筹公路铁路民航水运后的首任部长，杨传堂在2016年3月6日接受了新华社记者的独家专访。

在稳增长中当好先行

"要当好发展先行官，首先要在稳增长中勇挑重担、当好先行。"杨传堂开门见山告诉记者，交通运输是扩内需、稳增长的重点领域。"十二五"是我国交通基础设施投资力度最大的五年，总投资约12.5万亿元，是"十一五"总投资的1.6倍。2015年，交通运输完成固定资产投资约2.6万亿元，在促进经济稳增长方面发挥了重要作用。

我国综合交通网络初步形成，这是交通运输发展的一个里程碑。杨传堂介绍："五纵五横"综合运输大通道基本贯通，快速铁路网、高速公路网基本形成，我国高速铁路营业里程、高速公路通车里程、港口深水泊位数量等指标均居世界第一。

2016 年公路水路建设投资要完成 1.8 万亿元的目标。而 2016 年车购税大幅减收。"交通建设正面临前所未有的资金压力。"杨传堂表示，必须敢于担当、迎难而上，不断创新投融资体制机制，着力提高投资的有效性和精准性，为当好先行提供有力资金保障。

在服务国家"三大战略"中当好先行

交通运输必须要在服务国家重大战略中找准定位、当好先行。杨传堂说，服务"一带一路"战略，加强基础设施互联互通、完善海上运输网络和推进国际运输便利化是三大核心任务。

交通一体化是京津冀协同发展战略要率先突破的重点领域。杨传堂介绍，一定要把京津冀地区建设成为我国全面深化交通运输改革的试验区、区域交通一体化的示范区和交通运输现代化的先行区。

以长江黄金水道为主轴，打造综合立体交通走廊，为交通运输发展提供了重要机遇。杨传堂表示，我们要坚持五大发展理念，发挥好交通运输对打造长江经济带的支撑作用。

在促改革中当好先行

杨传堂认为，新常态下，必须向改革要动力，着力推进供给侧结构性改革，才能为全面建成小康社会当好先行。

深化落实综合交通运输体制机制改革，让多种运输方式协调发展，是供给侧结构性改革的重中之重。杨传堂介绍，今年将研究制定推进综合交通运输发展一揽子工作方案，加强综合交通运输立法统筹，制定完善多式联运、综合交通枢纽等建设和服务标准，促进各种运输方式的深度融合与有效衔接，更好发挥各种运输方式的比较优势和组合效率，降低运输成本。

以高速公路为主体的收费公路，提升了运输供给效率，改善了群众出行条件，其历史贡献不言而喻。杨传堂说，当前收费公路正处于加速成网的关键期，我们既要考虑通过合理回报继续吸引社会投资，推动收费公路可持续发展，加快形成网络发挥最大效益，又要在不同利益群体的诉求之间寻求最大公约数，难度可想而知。充分吸纳社会意见后，交通运输部正在遵循用路者付费、政府性债务风险可控、鼓励社会资本投资、加强政府监管的原则，加快修订《收费公路管理条例》。

出租车改革是人民群众关心的热点问题。杨传堂认为，行业管理者首先要考虑城市整体出行效率，同时兼顾不同群体诉求，以及社会稳定、就业、公共安全、公众出行需求等多重因素，其目标是多元的。充分吸纳社会意见后，交通运输部正在进一步优化改革的顶层设计，按照市场化改革方向，鼓励差别化、多样化服务，进一步规范经营，推动出租车与专车融合发展，满足公众的多样化需求，增加有效供给。将选取有代表性的城市开展试点，创新对互联网平台新兴服务业态监管的模式和技术手段。

在惠民生中当好先行

杨传堂来自普通百姓家庭，有浓厚的大众情结，在千头万绪的工作中，他强调："人民交通为人民，必须把实现好、维护好、发展好最广大人民根本利益作为一切工作的根本出发点和落脚点。"

"要想富，先修路。""十二五"期间，交通运输部扶贫投入车购税资金 5500 亿元，集中连片特困地区 92% 的县城通二级及以上公路、86.5% 的建制村实现通畅。"十三五"期间要坚决打好交通扶贫脱贫攻坚战，小康路上决不让任何一个贫困地区因交通而掉队。

"人民群众对交通的首要需求是安全。"自 2013 年起，交通运输系统开展了为期 5 年的"平安交通"创建活动。改造危桥 1.68 万座，整治安全隐患路段 32 万公里，推动 11 万辆液体罐车加装紧急切断装置。

　　2015 年，交通运输系统全面兑现了"贴近民生 10 件实事"的承诺。2016 年，交通运输部继续组织实施"更加贴近民生 13 件实事"，农村公路新改建 20 万公里，贫困地区 7000 个建制村通硬化路，新增通客车建制村 4000 个，交通一卡通互联互通城市达到 100 个……交通运输惠民惠企举措更多更实更有力。"把民生实事目标向全社会公布，我们愿意接受社会监督，让老百姓有更多的获得感。"杨传堂说。

（新华社记者林红梅、赵文君）

交通扶贫范围将扩大近一倍

列席十二届全国人大四次会议开幕会的交通运输部部长杨传堂2016年3月5日在经过人民大会堂"部长通道"时向中外记者表示，交通运输部在"十三五"期间，将交通扶贫的范围扩大近一倍，由过去的14个集中连片贫困地区的680个县扩大到现在的1157个县，占全国县总数的41%。

杨传堂在回答记者有关交通扶贫的问题时说，交通运输部对扶贫范围进行重大调整，目的是为了使集中连片贫困地区，包括国家级贫困县、民族地区、边疆地区、革命老区的贫困县能够尽快脱贫。

杨传堂说，交通运输部门把交通运输扶贫工作放在重要位置，专门制定了"十三五"交通扶贫规划，并于去年底在甘肃召开了工作会议。

杨传堂表示，交通运输部门将扶贫工作的重点放在"康庄大道路""扶贫小康路""平安路"和"产业路"的建设上，在资金安排、项目安排、有关政策的组合上优先。

杨传堂介绍，"康庄大道路"主要是高速公路和省级国道，"扶贫小康路"主要是贫困地区的农村公路，"平安路"是道路环境、质量提升和危桥改造工程，"产业路"主要是扶贫以及有关的旅游、绿色等有产业支撑的道路建设。

杨传堂表示，这项工作还是非常艰难的。交通运输部门将按照中央要求扎实向前推进，调动各方面积极性，形成合力，通过交通使扶贫工作见实效，使人民群众得实惠，不让一个贫困地区、一个贫困群众在扶贫过程中掉队。

（新华社记者白阳、刘东凯）

将重点建设四条"扶贫路"

交通运输部部长杨传堂在"部长通道"上向媒体记者重点介绍了交通部扶贫工作安排，将根据各地的不同需求，重点打造四条"扶贫路"。

杨传堂表示，交通运输部去年底特别召开了工作会议，制定了"十三五"的交通扶贫规划，在整个扶贫范围上，进行了重要调整，在原有的 14 个集中连片贫困地区 680 个县基础上，增加到了 1157 个县，力争帮助贫困地区尽快脱贫。

此外，交通运输部还将重点打造四条"扶贫路"。一是"康庄大道路"，主要是高速公路和省级国道；二是"扶贫小康路"，主要是贫困地区农村公路；三是"平安路"，对建段环境存在问题的道路和危桥进行改造；四是"产业路"，主要是和扶贫有关的旅游、绿色产业等起到支撑作用的道路建设。

杨传堂表示，交通运输部将调动各方面积极性，通过交通建设使扶贫工作得到较大提升，真正在小康社会建设过程中让每一个地区和贫困人口不能因为交通问题而掉队，争取让人民群众得到更多好处。

（新华社记者潘祺）

是否收取交通拥堵费
由各地依据实际出台政策

列席十二届全国人大四次会议的交通运输部部长杨传堂9日在经过"部长通道"时表示，是否收取交通拥堵费，主体责任在城市，各地应从当地实际情况出发来制定政策。

"治理交通拥堵问题，要综合施策，'堵'与'疏'相结合，特别要优先发展人民群众使用多、容量大、污染少的公共交通。"杨传堂说，要加强城市规划，用规划来引领交通，使大家走得更顺畅。

杨传堂说，还要加强智慧交通的发展，提高运输效率、水平和质量。做好公共运输之间的协调，在空间、时间和各种运输方式之间进行匹配，从而提高各个方面的分担率。

杨传堂说，这是一个世界难题，我们正在破解当中。

（新华社记者刘奕湛、余晓洁）

📖 **直面热点**

满足群众出行需求，鼓励新业态创新发展
——交通运输部部长杨传堂等答记者问

十二届全国人大四次会议2016年3月14日在北京梅地亚中心举行记者会，交通运输部部长杨传堂、交通运输部运输服务司司长刘小明和北京交通发展研究中心主任郭继孚就"深化出租汽车改革与发展"相关问题回答了中外记者提问。

出租车改革坚持"两个导向"

谈到交通运输部去年向社会公开征求意见的《关于深化改革进一步推进出租汽车行业健康发展的指导意见》和《网络预约出租汽车经营服务管理暂行办法》，杨传堂表示，出租车改革主要有两个导向。

"一是要提升传统出租汽车服务水平，更好满足人民群众出行需求。二是鼓励网约车新业态的创新和规范发展。"杨传堂表示，交通运输部正在会同相关部门进一步研究论证，完善相关政策，推动两个文件尽快出台和实施。

他同时表示，在改革中，出租车行业要明确定位，要建立运力规模动态调整机制，改革经营权管理，构建包括巡游出租汽车和预约出租汽车的多样化服务体系，改革"份子钱"制度，完善价格形成机制。

坚定推动出租车改革

在回答"出租车改革会不会难产"的问题时，杨传堂说，出租汽车行业管理在全世界都是一个难题。我国出租汽车行业既有观念体制束缚之阻，亦有利益固化藩篱之绊，"改革难度之大更是前所未有。"

"我把它总结为三难。"杨传堂说，第一难在于要统筹兼顾不同群体的利益和新旧业态发展，对利益格局进行深刻调整。第二难在于平衡公众当前利益和行业长远发展。第三难在于如何推进城市交通供给侧结构性改革和提升服务水平。

他表示，当前，规范互联网新业态和促进传统行业健康发展的任务十分紧迫。"不管有多大困难，我们都要坚定地推动这项工作。"

优先发展新能源公交车

刘小明说，目前北京、上海、深圳、济南、郑州等城市已经有5万多辆新能源公交车。交通运输部将继续把优先发展公共交通作为一个国家战略，进一步优先发展新能源公交车。

刘小明表示，根据规划，2020年城市公共交通领域新能源车要达到20万辆。

"还有一些清洁能源，比如燃气公交车、混合动力公交车，既满足老百姓出行需要，同时改善城市交通结构和空气质量，使汽车工业有更好发展。"他说，"这是一个一举多得的事情，我想各个城市都会努力去做。"

对网约车不搞"一禁了之"

在回答"加强网约车管理会不会让它发展不下去"的问题时，杨传堂说，世界各国对如何监管网约车一直争议不断，许多发达国家对网约车持完全禁止的态度，美国各个州也是有禁有放。

"我们在制定暂行办法时并没有一禁了之，而是通过立法让专车获得合法身份。"杨传堂表示，通过设计可操作、可执行的具体政策，鼓励新业态规范发展，提供差异化、多样化的服务，更好满足人民群众高品质、多层次的出行需求。

针对"私家车做专车算不算'黑车'"的问题，杨传堂表示，从现有法律法规来看，没有取得营运许可的人员和车辆对外提供客运服务，是不合法的。

"但是，对待新生事物，绝不能止步不前，墨守成规。网约车作为新生事物，给乘客带来良好体验，要给这种服务方式一个合法的出路。"他说，私家车想要转化为网约车，可以按照目前起草的办法，通过一定程序转化为合规营运车辆。要按照其特点"量体裁衣"，设计新的管理制度，使其健康发展。

出租车经营权坚持"无偿、有期限"

谈到出租车经营权的问题，刘小明说，对出租车经营权总量必须要有所调控，通过数量控制形成合理的交通结构。

"我们的改革有一个非常明确的指向，就是出租汽车的经营权要无偿、有期限。"他说，"目的是为了使出租车服务能够进入良性循环，用优质的服务来取得经营权。"

"至于是不是要取消经营权，完全放开数量，这要取决于各个城市的情况。"他进一步说，大城市要考虑城市的道路容量和公共交通发展水平，中小城市可以适当放开一些数量管控。"因城而异，因时而异，由各个城市自身进行研究和决策。"

网约车经营许可实行"两级工作，一级许可"

谈到网约车平台应当取得经营许可的问题，刘小明说，要通过尽可能减少许可环节为网约车平台企业提供最大便利，同时必须保证网约车能够满足公众基本服务要求。"从事网约车服务的企业、车辆、驾驶员应当具备一定的条件。"

他说，结合互联网企业服务特点和出租汽车区域管理特征，初步的想法是实行"两级工作，一级许可"。

"出租车服务已经实现了线上和线下的结合。线上部分由平台所在地省一级交通运输主管部门来进行许可，这个许可全网通行，全国其他地方不需要再进行许可。线下实体服务，你在南京服务就在南京拿许可，你在杭州服务就在杭州拿许可。"他表示，这样的模式简化了工作程序，有利于网络约车平台企业在一个省乃至全国范围内进行运营服务。

"份子钱"模式需优化，行动不便人群服务要跟上

在回答有关"份子钱"的问题时，刘小明表示，"份子钱"是一种管理模式，需要进一步改进和优化。

刘小明说，现在很多地方采取了不同方式来优化管理模式，有些城

市采用了员工制方式，有的地方采取了改革明确提出的协商方式，组织行业协会、企业、驾驶员和工会组织进行协商。出租车改革强调和鼓励企业利用互联网新技术，结合实际运营情况来实现利益共享，风险共担。

谈到出租车行业如何更好服务老年人、残疾人等行动不便的人群，郭继孚表示，我国城市交通需求层次的多样性决定了各种交通方式都要各得其所，出租车必须要为服务各种特殊人群做好设计。

"例如北京奥运会时专门成立了无障碍出租车队，收到非常好的效果。"郭继孚说，如何更好利用无障碍出租车，也是未来出租汽车改革需要关注的重要方面。

（新华社记者罗沙、韩洁、程士华）

背景介绍

"十三五"交通扶贫重点聚焦"托底性"任务

记者2015年12月4日从交通运输部获悉，《"十三五"交通扶贫规划》审议通过，明确了交通扶贫脱贫攻坚战的主攻方向、发展目标和重点任务。在扶贫重点上，更加聚焦"托底性"任务，着力解决好剩余建制村的通畅问题，更加聚焦安全保障和运输服务改善。

交通运输部部长杨传堂4日在兰州召开的全国交通扶贫工作会上说，交通扶贫脱贫工作要力争用4年左右的时间完成托底性的建设任务。全面提高交通扶贫工作的精准性，实现贫困地区公路建设的率先突破，着力提升贫困地区运输服务质量。

杨传堂说，在扶贫范围上，将国贫县、革命老区、民族地区和边境地区县纳入规划范围，由过去的680个县（市、区）增加到1157个。突出重点建设"康庄大道"，促进贫困地区内部以及与外部大通道的贯通。创新发展"特色致富路"，促进贫困地区经济增长点的培育与发展。着力推动"对外开放路"，促进沿边贫困地区向开放前沿发展。

据介绍，"十二五"交通扶贫目标已圆满完成。5年累计安排约5500亿元车购税资金用于集中连片特困地区公路建设，带动全社会对公路建设近2万亿元投入。贫困地区"出行难"问题得到有效解决，路网结构得到明显改善，交通对产业发展的辐射带动作用更加突出，贫困地区发展面貌得到切实改变。

（新华社记者赵文君）

水利部

SHUILIBU

以发展新理念引领水利新实践

——访水利部部长陈雷

党的十八届五中全会提出了五大发展理念。水是生存之本、文明之源、生态之要。进入新时期，如何贯彻五大理念破解新老水问题？如何用新时期水利工作方针谋划"十三五"水利蓝图？水利如何支撑实现全面建成小康社会目标？在日前召开的全国水利厅局长会议上，记者采访了水利部部长陈雷。

加快转变治水兴水管水思路

记者：坚持五大发展，是关系我国发展全局的一场深刻变革。具体到水利工作，如何贯彻五大理念，转变治水思路？

陈雷：五大发展理念是贯穿十八届五中全会精神的灵魂和主线，也是做好新时期水利工作的根本遵循。落实五大发展理念，必须坚持思路先行，深入贯彻落实习近平总书记提出的"节水优先、空间均衡、系统治理、两手发力"的新时期水利工作方针，加快从传统水利向现代水利转变。

从创新发展看，随着经济社会发展，我国新老水问题相互交织，水资源水环境瓶颈制约日益突出。必须全面推进治水思路理念、方式方法、体制机制创新，加快实现从粗放用水向节约用水转变，从供水管理向需水管理转变，从局部治理向系统治理转变，从注重行政推动向坚持两手发力、实施创新驱动转变，统筹解决好水短缺、水灾害、水生态、水环境问题。

从协调发展看，我国幅员辽阔，各地水资源条件、发展水平不同，水利发展不平衡问题十分突出。必须紧紧围绕"一带一路"建设、京津冀协同发展、长江经济带建设三大战略和"四大板块"协调发展，围绕城镇化和新农村建设双轮驱动，围绕精准扶贫要求，着力提高水资源要素与其他经济要素的适配性、水利发展与经济社会发展的协调性。

从绿色发展看，我国水资源禀赋条件先天不足，水生态环境容量有限。必须坚持节约优先、保护优先，以水定产、以水定城，充分发挥水资源管理红线的刚性约束作用，以用水方式转变倒逼产业结构调整和区域经济布局优化，着力提升河流、湖泊、湿地等自然生态系统的稳定性和生态服务功能，推动循环经济、绿色经济和低碳经济发展。

从开放发展看，水安全问题已经成为全球共同面临的重大挑战，联合国 2030 年可持续发展议程单独设立了水与环境卫生目标。必须坚持互利共赢的开放战略，深化双边多边务实合作，积极发挥我国在国际涉水事务中的建设性作用，维护好我国水资源权益和国家水安全。

从共享发展看，水资源、水环境、水生态与人民群众的生命健康、生活质量、生产发展息息相关，是最重要的公共产品、最普惠的民生福祉。我国水情复杂、水利建设历史欠账多，水利仍然是全面建成小康社会的突出短板。必须着力解决人民群众最关心最直接最现实的水利问题，让人民群众有更多的获得感。

"十三五"水利发展要遵循六大原则

记者："十三五"时期，如何科学谋划水利改革发展的蓝图和路径？

陈雷：党的十八届五中全会把水利作为推进五大发展的重要内

容，摆在八大基础设施网络建设的首要位置，纳入九大风险防范的关键领域，作出一系列重大战略部署。

我们要积极践行新时期水利工作方针，加快建设节水型社会，加快完善水利基础设施网络，加快推进水生态文明建设，加快健全水利科学发展体制机制，提高民生水利发展水平，构建与全面建成小康社会相适应的水安全保障体系。"十三五"水利工作将遵循以下原则：

——坚持以人为本、服务民生，着力解决人民群众的水忧、水患、水盼等民生水利问题，提高水利发展成果的共享水平。

——坚持节水优先、高效利用，加强用水需求侧管理，加快转变用水方式，形成有利于水资源节约利用的空间格局、产业结构、生产方式和消费模式。

——坚持尊重自然、人水和谐，以水定需、因水制宜、量水而行，促进经济社会发展与水资源、水生态、水环境承载能力相适应。

——坚持统筹兼顾、综合施治，强化整体保护、系统修复、综合治理，统筹解决流域区域、城市农村、东中西部水利突出问题。

——坚持深化改革、创新驱动，政府主导和市场机制协同发力，构建系统完备、科学规范、运行高效的水治理制度体系。

——坚持依法治水、科学管水，强化水法治保障和科技引领作用，加快推进水治理体系和水治理能力现代化。

做好"全面小康"的水支撑

记者：2020 年我国将全面建成小康社会，水利如何支撑这一目标？

陈雷：我们将按照党中央、国务院部署，着力抓好以下工作，为全面建成小康社会提供坚实的水利支撑和保障。

——全面建设节水型社会。强化最严格水资源管理制度，实行水资源消耗总量和强度双控行动，加快推进江河水量分配，强化规划和建设项目水资源论证，加强非常规水资源开发利用，开展水资源承载能力评价和监测预警能力建设，推行合同节水管理，加快形成水资源节约保护和高效利用的倒逼机制。

——完善水利基础设施网络。适应和引领经济发展新常态，集中力量建设一批补短板、增后劲，强基础、利长远，促发展、惠民生的重大水利工程。加快推进172项节水供水重大水利工程，今年计划新开工引江济淮等20个重大水利建设项目，确保在建重大水利工程投资规模保持在8000亿元以上。

——大力发展民生水利。结合脱贫攻坚战略，启动实施农村饮水安全巩固提升工作。抓好防洪抗旱防台风薄弱环节建设，提高防灾抗灾减灾水平。围绕实施藏粮于地藏粮于技战略，强化节水灌溉和农田水利建设。打好水利扶贫攻坚战，做到扶持目标精准、项目安排精准、解决措施精准、扶贫效果精准，补齐贫困地区水利基础设施短板。

——加强水生态文明建设。全面落实水污染防治行动计划，大力推进重点区域水土流失治理，加快华北等地下水严重超采区综合治理，积极打造"海绵城市""美丽乡村"。加快构建布局合理、生态良好，引排得当、循环通畅，蓄泄兼筹、丰枯调剂，多源互补、调控自如的江河湖库水系连通体系，优化国土空间格局，增加水环境容量，改善水安全状况。

——深化水利改革创新。深化水行政审批制度改革。加大各级公共财政投入力度，用足用好开发性金融支持政策，鼓励和吸引社会资本投入水利建设。全面推进农业水价综合改革，搞好用水权初始分配，积极培育水权交易市场。分类推进水利工程产权制度和管理体制改革。同时，要深化城市水利工作，推进依法治水科技兴水。

（新华社记者于文静）

解读之一：如何破解"水困"危局？

——代表委员对"十三五"的"水"之问

"水资源的抢救刻不容缓！在'十三五'时期，力度还要大些、再大些！"2016年3月8日，王承德委员对记者表示。作为连续两届全国政协委员，今年是他第9次提交关于保护水资源的提案。

与王承德一样，全国两会的代表、委员中，有不少人长期关注我国水安全问题。"十三五"规划纲要草案中对"全面推进节水型社会建设""水环境治理"等进行专门阐述和具体部署，引起了他们的强烈共鸣。

水危机到了什么程度？

"这次'十三五'规划纲要草案提到要开展地下水超采区综合治理，凸显了绿色发展的理念，作为来自河北的代表，我感受尤其深切。"全国人大代表、河北省衡水市市长杨慧说。

有关部门数据显示，当前我国人均水资源占有量仅为世界平均水平的28%，近三分之二的城市不同程度缺水；全国约30万平方公里地下水超采。

数据同时显示，全国面积大于10平方公里的湖泊已有200多个萎缩；全国因围垦消失的天然湖泊有近1000个；27.2%的河段水质、67.8%的湖泊水质为三类以下，无法饮用。

"我出生在黄河边，目睹了黄河水量近60年减少四分之三的变化，水位以平均每年15厘米的速度下降。我又在三江源头工作了12

年，看到森林被大量砍伐、草原严重退化。"今年春节，王承德委员回到老家甘肃，当地日益严峻的水安全问题让他忧虑更深，"水资源减少在急剧加速，而需求在倍数增长，已形成恶性循环，向我们亮出了红牌。"

节水有哪些潜力可挖?

"十三五"规划纲要草案提出，落实最严格的水资源管理制度，实施全民节水行动计划。坚持以水定产、以水定城，对水资源短缺地区实行更严格的产业准入、取用水定额控制。加快农业、工业、城镇节水改造，扎实推进农业综合水价改革，开展节水综合改造示范。

"我国水资源现状是北方缺水、南方污染。"全国人大代表、清华大学水利系教授周建军说，"在北方地区，农业用水占水资源消耗的第一位，平均达到一半。像北京这么缺水的地方，目前的用水主要来自地下水开采，农业用水占到了水资源消耗的三分之一以上，其次是工业用水，百姓生活用水排第三。"

一方面是"水荒"蔓延，另一方面是"大水漫灌"比比皆是，缺水与浪费并存，矛盾十分突出。

"十三五"规划纲要草案提出，用水总量控制在6700亿立方米以内。

王承德表示，要实现这一目标，除了建立节水型农业，在建立节水型工业及节水型社会等方面也有巨大努力空间。"十三五"规划纲要草案作出许多具体安排，如"加强重点用水单位监管，鼓励一水多用、优水优用，建立水效标识制度，推广节水技术和产品"等，当务之急是加大执行力度，确保落实到位。

"提高全民的水危机意识是关键。必须把节水纳入全民教育，让全国人民立即行动起来，把节约用水作为我国经济社会发展的一个重要目标，成为广大人民群众的一种自觉行为。"王承德说。

治污需补齐哪些"短板"?

全国人大代表、安徽省环保厅厅长缪学刚认为,"十三五"规划纲要草案释放出一个强烈信号,即"水安全"上升为国家战略。其中,水污染治理是最重要的任务之一。

"水污染治理有三个问题亟待解决。"全国人大代表、全国政协社会和法制委员会驻会副主任、农工党中央常委、湖北省主委吕忠梅说,一是各地基本以末端控制污染为主,源头预防不够;二是流域管理上"条块分割"、区域管理上"城乡分割"、同一流域水源功能管理上"部门分割",导致"九龙治水"现象;三是注重保护城市水资源,对农村水体污染关注不够。

她说,要更加注重水源地的保护。正如全国人大常委会有关报告中指出,"一些地方产业布局不合理,约80%的化工、石化企业布设在江河沿岸,带来较高环境风险隐患。"

"前不久,全国人大环资委明确表示,将促进尽早将水污染防治法修改草案提请审议,这对于加强水资源保护意义重大。"吕忠梅说,不能满足于对水污染后果和危害的防治,还要通过风险识别、评估、预警、监管等制度设计,加强对产业布局、公众健康等水环境风险的预防和消弭,提高水生态风险防控能力。

"治水如治病,必须加大投入、科学规划、对症下药,长期不懈地治理。"缪学刚认为,"十三五"期间,要提高目前的污水处理标准,也要建立健全污水回收系统,特别是城镇规划要将集污、污水处理等环保设施视为不可或缺的一环。

(新华社记者邹伟、鲍晓菁、张莺、梁建强)

解读之二：破解水挑战　共筑水安全

——我国水治理能力现代化再上新台阶

水是生存之本、文明之源、生态之基。解决好水资源问题事关中华民族永续发展、国家长治久安。党的十八大以来，习近平总书记就保障国家水安全发表重要论述，明确提出"节水优先、空间均衡、系统治理、两手发力"的新时期水利工作方针。

新理念带来新变化。我国围绕洪水、缺水、水污染、水生态破坏等问题，大力治水兴水，推动水治理能力现代化，为粮食安全提供有力支撑，为促进经济增长和转型升级、惠及民生福祉奠定基础。

科学决策　有效应对洪魔旱魃

2015 年 7 月，浙江三门县海润街道叶家村安置点灯火通明。在第 9 号强台风"灿鸿"登陆之际，赖红兵和他的几名四川工友在村干部劝说下，离开平日居住的工棚，在这里度过了几个不眠之夜。

"以前从没经历过台风，只在电视中看过。"赖红兵说，这里有方便面、矿泉水、点心，还有村干部细心的照顾，大家都觉得挺安心。

提前发布灾害预警、超百万人安全转移、抢险人员严阵以待……有效应对背后，彰显出我国防汛救灾体系不断走向成熟的新飞跃。

水是文明之源，然而水太多、水太少对于人类都不是福音。由于水资源时空分布不均，干旱与洪涝，仿佛一枚硬币的两面，威胁着中华民族的生存与发展。

"十二五"期间，长江、黄河、海河、松花江等大江大河洪水频发，1600 余条中小河流水位超警，34 个台风登陆；西南三年大旱，长江中下游及东北、华北和黄淮部分地区发生严重夏伏旱，全国农作物因旱受灾面积 7.4 亿亩……

驱除洪魔旱魃，离不开减灾能力跃升。近五年来，四川亭子口、江西峡江等水利枢纽及南水北调东中线一期、辽宁大伙房输水二期等水利工程基本建成，为削峰拦洪、应急调水提供有力硬件支撑。

同时，防汛抗旱应急管理体制机制日益完善。山洪灾害防治、洪水风险图编制、抗旱规划、国家防汛抗旱指挥系统建设深入推进，物资储备增加，救灾队伍扩大。面对旱涝，我们有了更多的底气和自信。

以人为本　"民生之水"实现"共享"发展

"现在只要打开水龙头，在家就能喝上干净水。"75岁的乃买提·毛拉说。去年秋季，在新疆阿瓦提县拜什艾日克镇，饮水安全工程使乃买提所在村的上千人彻底结束喝"涝坝"水的历史。

在缺水百姓眼中，能喝上干净水是最大的民生。"十二五"期间，我国全面完成农村饮水安全建设任务，2.98亿农村居民和4150万农村学校师生喝上安全水，实现了政府的庄严承诺。血吸虫疫区、砷病区、涉水重病区以及长期饮用苦咸水等饮水安全问题解决，中重度氟病区的饮水安全问题基本解决。

"去年比往年旱，但我不担心庄稼减产。因为满拉水库的水直接通到田地，天旱也'渴不着'青稞。"西藏日喀则市江孜县嘎盖村村民旺堆很高兴，满拉灌区工程使147个行政村的农田不再"望天收"。

"十二五"以来，我国大兴农田水利，切实补短板。新增农田有效灌溉面积7500万亩，改善灌溉面积2.8亿亩，净增高效节水灌溉面积9000多万亩，有力支持了粮食生产和农民增收。

小水电为3亿多农村人口带来光明，促进造血式扶贫。"十二五"以来，我国新增农村水电装机超过1300万千瓦，总装机容量相当于3个三峡电站。832个特困县中，192个县纳入水电新农村电气化县建设范围，198个县开展小水电代燃料工程建设。小水电点亮山村，农民从砍柴烧柴中解脱出来，通过打工、发展特色产业，开启新生活。

以水定产、以水定城：做大做强绿色"水"文章

今冬在河北省沧州市海兴县褚宋村，一些地块种了小麦，另一些地块却空着。海兴地下水超采严重，种植高耗水小麦产量不高。近年来，政府每亩地补贴农民 500 元，全县有 2.1 万亩农地只种植玉米、棉花等一年一熟农作物，"一季休耕、一季雨养"。

"水资源是经济发展的约束性、先导性、控制性要素。长期以来，我国用水方式比较粗放，水资源短缺和用水浪费并存，生态脆弱和开发过度并存，污染治理和超标排放并存。"水利部部长陈雷表示，必须节约集约利用资源，发挥水资源管理红线的倒逼机制，推进产业结构调整和区域经济布局优化，实现经济社会发展与水资源和水环境承载能力相协调。

"十二五"以来，我国实施最严格水资源管理制度。水资源开发利用控制、用水效率控制、水功能区限制纳污"三条红线"基本覆盖省市县三级行政区域，各省区市建立最严格水资源管理制度行政首长负责制。

以水定产、以水定城。五年来，全国共开展 120 多项规划水资源论证，核减水量近 4 亿立方米；对北京新机场等 1 万多个建设项目进行水资源论证，核减水量近 40 亿立方米；对超过区域用水总量控制指标的项目，限批水量近 10 亿立方米。

既要开源，更重节流。全国建成 100 个全国节水型社会试点，农业推广高效节水灌溉，工业实施高耗水行业节水技术升级改造，生活服务业加快供水管网改造，推广节水器具。

流水不腐，户枢不蠹。通过江河湖库水系连通、建设水生态文明城市、科学调度、水源置换等措施，水生态和水环境不断改善。黄河干流连续 16 年不断流，引江济太、引黄入冀、扎龙湿地补水有效保障生态安全，河北地下水超采区综合治理试点成效初显。

2014 年度考核结果显示，全国 30 个省级行政区（新疆除外）用水总量为 6095 亿立方米，比上年减少近 89 亿立方米；相比 2010 年，万元工业增加值用水量下降 31.9%，农田灌溉水有效利用系数由 0.50 提高到 0.53；水功能区水质达标率为 67.9%，比上年提高 4.9%。

提速重大工程建设　构建利长远的水安全新格局

"一碗油换不来一碗水"，人均水资源量仅为全国人均的 6%，十年九旱……"陇中苦瘠甲天下"，缺水是最主要的瓶颈，引洮河之水是陇原人半个多世纪的梦想。5 个多月前，引洮供水二期工程开工，将惠及甘肃 11 个贫困县 420 万人。

"你不知道我们有多盼洮河水！"在开工现场，马河镇清泉村张凤岐说，村里只有村名带水，吃水要靠房前水窖收集的雨水，村民饮水、优质苹果产业发展都盼水。

引洮二期工程是我国 172 项节水供水重大水利工程之一。2014 年 5 月，我国明确加快建设一批全局性、战略性节水供水重大水利工程。可新增城乡供水能力 800 亿立方米，新增农业节水能力 260 亿立方米，增加灌溉面积 7800 多万亩，并且增加有效投资需求、促进经济稳定增长。目前，85 项重大水利工程已经开工，在建工程投资总规模超过 8000 亿元。

水利部规划计划司司长汪安南表示，工程建设突出政府和市场两手发力。制定出台鼓励和引导社会资本参与重大水利工程建设运营的政策措施，完善投资补助、财政贴息、价格机制等扶持政策，并选择了 12 个项目开展国家层面联系的试点。

生态方面，把环境保护作为项目论证决策的重要前提。深入论证河流与湖泊、湿地的生态关系，充分考虑左右岸、上下游的生态关系，满足河流生态基流和生物生境的基本要求，及时调整工程设计和参数，落实项目环境保护投资和任务，严格开展环评验收和后评估，维护生态安全。

深化重点改革　激活大国治水内生动力

多年来，缺水造成内蒙古鄂尔多斯市很多项目难以上马。通过水权转让找水是当地"憋"出来的办法。

鄂尔多斯能化荣信化工有限公司是一家国有煤化工企业。2006 年，企业缴纳了 9065 万元节水改造资金，用于农田水利工程节水改造，并获得了 25 年平均每年 600 万方黄河水使用权，水权转让满足了企业的发展需求。

目前，内蒙古水权收储转让中心的框架已经建好，交易细则正在完善，对于闲置和结余水权将有处置办法。

长期以来，由于水利的公益性，水利发展主要靠国家投入，市场的动力不足。对此，我国深化水利重点领域改革，激发内生动力，促进政府、市场两手发力。

——投融资体制改革方面，加大公共财政投入力度，加大金融支持水利建设力度；鼓励和引导社会资本参与重大水利工程建设。

——水价改革方面，把农业水价综合改革作为重要突破口，全面推行城镇居民用水阶梯价格和非居民用水超定额累进加价制度。

——水权水市场建设方面，开展水资源使用权确权登记，建立完善水权交易平台，鼓励和引导地区间、用水户间开展水权交易，积极培育水市场。

——创新工程建设管理体制方面，深化国有水利工程管理体制改革，加快小型水利工程产权制度改革。

通过深化改革，大国治水内生动力不断增强。

从供水管理向需水管理转变，从粗放用水方式向高效用水方式转变，从过度开发水资源向主动保护水资源转变……我国治水思路日臻完善，绿色发展理念不断融入水资源利用和保护的各领域。

陈雷表示,"十三五"时期,我国将积极践行新时期水利工作方针,加快建设节水供水重大水利工程、完善水利基础设施网络,落实最严格水资源管理制度、建设节水型社会,系统整治江河、推进水生态文明建设,深化水利改革、加快科技创新,着力构建与全面建成小康社会相适应的水安全保障体系。

（新华社记者于文静、林晖）

背景介绍

背景之一："十二五"我国水利建设总投资超过 2 万亿元

"十二五"时期,我国水利建设完成总投资超过 2 万亿元,再创历史新高,农村饮水安全、防洪薄弱环节、抗旱水源工程、农田水利、农村水电等民生水利建设成效显著,惠及亿万人民群众。

据水利部消息,"十二五"时期,我国 172 项节水供水重大水利工程建设加快推进,投资规模超过 8000 亿元;水利规划体系进一步健全,前期工作和立项审批明显提速;水利改革创新全面深化,长期制约水利发展的体制积弊逐步破除。

水利部副部长矫勇表示,水利作为"十二五"时期国家稳增长调结构促改革惠民生防风险的重要领域,重大水利工程和民生水利工程建设全力提速,最严格水资源管理制度加快实施,水利改革全面推进,圆满完成了"十二五"规划确定的主要目标和任务。

"十三五"时期是全面建成小康社会的决胜阶段,也是加快水利改革发展、全面提升水安全保障能力的关键时期,做好水利规划计划工作至关重要。

矫勇表示，做好今后大规模水利建设的规划计划工作，要从夯实规划基础、推动项目前期工作、投融资保障、加强投资计划执行、确保水利扶贫资金投入等方面下功夫。要继续积极争取公共财政投入力度，充分利用各项优惠金融政策，大胆使用金融性资金，并创造条件鼓励社会资本投入，确保各地水利投资稳步增长。重点做好贫困地区水利项目储备，保障水利投资大幅度向贫困县倾斜。

（新华社记者于文静）

背景之二：聚焦"十三五"：实施最严格管理建设节水型社会

《中共中央关于制定国民经济和社会发展第十三个五年规划的建议》提出，实行最严格的水资源管理制度，以水定产、以水定城，建设节水型社会。在"十三五"规划建议引领下，各地围绕刚性约束、节水、水权制度建设，加大严格管水力度，筑牢水安全屏障，更好发挥水资源在可持续发展中的基础作用。

以水定产、定城　强化底线思维

记者在河北省沧州市海兴县褚宋村采访时看到，一些地块已经种植了冬小麦，一些地块却空着。

海兴县农业局副主任科员赵吉利说，海兴县地下水超采严重，种植高耗水的小麦费力不出产量，一亩地只产 500 多斤。去年夏收后，根据村民自愿，政府每亩地补贴农民 500 元，全县有 2.1 万亩农地只种植玉米、棉花等一年一熟农作物，"一季休耕、一季雨养"。去年全县关闭农用井 46 眼，减少地下水开采 362 万立方米。

海兴是我国缺水地区之一。我国人均水资源占有量仅为世界平均水平的 28%，近三分之二城市不同程度缺水。部分地区水资源开发已接近或超出水资源和水环境承载能力，引发河道断流、湖泊干涸、地面沉降。随着经济社会发展，水资源供需矛盾将更加突出。

"十二五"期间，我国推动建立规划水资源论证制度，强化以水定发展规模、定产业方向、定城镇布局。去年全国完成天府新区等 67 项规划水资源论证，北京新机场等 2300 多项建设项目水资源论证，区域限批水量近 8 亿立方米。

水利部部长陈雷表示，适应和引领经济发展新常态，必须实行最严格的水资源管理制度，充分发挥水资源管理红线的倒逼机制，推进产业结构调整和区域经济布局优化，实现经济社会发展与水资源和水环境承载能力相协调。

今后我国将建立水资源承载能力监测预警机制，加快推进江河水量分配，把相关控制指标落实到相应河段、湖泊、水库和地下水源，到 2020 年，全国年用水总量控制在 6700 亿立方米以内。

建设节水型社会　推动实现生态文明

初冬时节，漫步北京交通大学校园，波光粼粼的明湖让人心旷神怡。明湖是人工湖，湖水来自校园雨水及污水处理后的再生水。"学校已实现 70% 以上绿地用湖水，即再生水和雨水浇灌，每年可节约自来水 5 万立方米。"北交大能源办主任王海东说，学校还在浴室安装了节水 20% 的节水喷头，加装刷卡计费系统，节水率可达 50%。

长期以来，我国用水方式比较粗放，水资源短缺和用水浪费并存，用水粗放也产生了大量污水，加剧水污染。

水利部水资源司副司长石秋池表示，近年来，我国加快推动节约用水，完成 100 个国家级节水型社会建设试点，发布 27 项取水定额和节水技术规范国家标准，加快农业节水灌溉建设，全国万元工业增加值用水量 59.5 立方米，比 2010 年下降 31.9%，农田灌溉水有效利用系数由 2010 年的 0.5 提高到 0.531。

"十三五"期间，我国将切实推动"节水优先"。发展东北节水增粮、西北节水增效、华北节水压采、南方节水减排等区域规模化高效节水灌溉；推广工业水循环利用；加强城镇公共供水管网改造，全面开展节水型单位和居民小区建设；加大雨洪资源以及非常规水源开发利用力度。加快推进农业水价综合改革，全面推行城镇居民用水阶梯水价制度。

推行合同节水管理。培育一批专业化节水管理服务企业，推动企业与用户以契约形式约定节水、治污、非常规水源利用等目标，并向用户提供节水技术改造、节水产品和项目融资、运营管理维护等专业化服务，实现利益共享，促进节水减排。

推动水权制度　向改革要动力

位于鄂尔多斯市达拉特旗的荣信化工有限公司是一家煤化工企业，2006 年，企业缴纳了 9065 万元节水改造资金，用于农业水利灌溉工程的节水改造，并获得了 25 年平均每年 600 万方黄河水使用权。

内蒙古是我国水权试点省份之一。通过 3 年努力，将完成巴彦淖尔市河套灌区沈乌灌域一期项目节水 2.3489 亿立方米，向鄂尔多斯市、阿拉善盟转让 1.2 亿立方米，完善水权交易平台，建立健全水权交易制度，缓解水资源供需矛盾。

"实行最严格的水资源管理制度，必须坚持政府和市场两手发力，发挥市场在资源配置中的决定性作用和政府的引导、监管作用，加快建立水权制度体系。"陈雷表示。

据了解，"十三五"期间，我国将推动用水权初始分配。开展水域、岸线等水生态空间确权试点，推进水资源使用权确权登记，将水资源占有、使用、收益的权利落实到取用水户。培育水权交易市场，鼓励和引导地区间、流域间、流域上下游间、行业间、用水户间开展水权交易，探索多种形式的水权流转方式。逐步建立健全国家、流域、区域层面水权交易平台体系。

（新华社记者于文静、郭雅茹、吴锺昊）

农业部

NONGYEBU

提质增效转方式 稳粮增收可持续

——访农业部部长韩长赋

2015 年，我国粮食产量实现"十二连增"，棉油糖、肉蛋奶、果菜茶、水产品等重要农产品丰产丰收，绿色循环农业取得新进展。2016 年是"十三五"开局之年，面对新形势、新挑战，我国的粮食安全思路怎样调整？"舌尖上的安全"如何保障？农业面源污染怎么破解？农业新的竞争力如何形成？记者 2015 年 12 月 25 日在全国农业工作会议上采访了农业部部长韩长赋。

粮食安全：必须巩固和提升产能

当前，我国粮食产量虽然实现"十二连增"，但水土资源约束趋紧、粮食进口增加、农民种粮效益不高等问题凸显。

"近年来，由于农业连年丰收，粮食库存增加，主要农产品国内外价差拉大，加上财政收入增速下降，社会上出现了一些放松农业、乃至忽视农业的声音。好形势来之不易，稍有松懈，高点就可能成为拐点，迫切需要凝聚共识。"韩长赋说。

韩长赋表示，"十三五"时期，必须巩固和提升产能，确保谷物基本自给、口粮绝对安全。战略上要坚持藏粮于地、藏粮于技；战术上要重点加强粮食主产区、粮食生产功能区和重要农产品生产保护区建设，大规模推进农田水利、土地整治、中低产田改造和高标准农田建设。

"2016年粮食生产要保持总体稳定，不能发生大的滑坡。"韩长赋说，优先在粮食主产区建设高标准口粮田，开展粮食生产功能区划定，深入开展粮食绿色高产高效创建，加快实施耕地质量保护与提升行动。完成大中城市周边、交通沿线优质耕地永久基本农田划定。推进种植结构调整，稳定水稻、小麦生产，力争明年"镰刀弯"地区玉米种植面积调减1000万亩以上，推进马铃薯主食产品开发和热带农业发展。

资源环境：突破两道"紧箍咒"

近年来，我国农业发展取得巨大成就，但耕地质量下降、地下水超采、农业面源污染加重等问题凸显。

"资源环境两道'紧箍咒'越绷越紧，农业已经到了迫切需要加快转变发展方式的新阶段。"韩长赋表示，2015年我国打响农业面源污染防治攻坚战，大力发展节水农业，引导华北地下水超采漏斗地区农业种植结构调整，压减井灌小麦面积。开展化肥农药减量增效试点，推进畜禽粪便、农作物秸秆、废旧农膜资源化利用，推进湖南重金属污染耕地修复、河北地下水超采区综合治理。

数据显示，2015年三大主粮作物化肥、农药利用率分别比2013年提高2.2和1.6个百分点，畜禽养殖规模化率提高到39.6%。

韩长赋表示，力争到2020年，农业面源污染和环境突出问题治理实现重点突破。2016年要突出干旱半干旱重点区域，推广节水灌溉技术。大力推广高效缓释肥、有机肥、低毒低残高效农药和绿色防控。启动农作物秸秆及种养业废弃物资源化综合利用整县推进试点，开展重点流域农业面源污染防治综合示范。

质量安全:"产""管"并重

农产品质量安全与百姓利益密切相关。数据显示,2015年,我国蔬菜、畜禽产品和水产品例行监测合格率分别达到96.1%、99.4%和95.5%。

据了解,2015年我国推进农产品质量安全追溯体系和信用体系建设,制修订农产品质量安全标准798项,开展7个专项治理行动。开展国家重大动物疫病强制免疫、监测与流行病学调查,推广有效的病死猪收集、处理模式,健全屠宰监管体系。

"全面提升农产品质量安全水平是'十三五'农业发展的一场硬仗。要坚持'产出来'和'管出来'两手抓、两手硬。"韩长赋说,力争到2020年,农产品质量安全突出问题得到有效解决。

2016年我国将开展产地环境污染调查与治理修复示范,加快农产品质量安全追溯体系建设,修订《农产品质量安全法》及相关法规,推行高毒农药定点销售、实名购买制度,在龙头企业和合作社、家庭农场推行投入品记录制度。强化责任追究,严打重罚非法添加、制假售假等违法犯罪行为。

竞争力:大而不强、多而不优亟待破解

"近年来,我国农产品产量持续增长,粮棉油、果菜鱼等大宗农产品总量均居世界首位,人均占有量超过世界平均水平,但国际农产品市场竞争加剧,我国农业大而不强、多而不优、竞争力弱的问题已经显现。"韩长赋表示。

据介绍,2015年前10个月,我国粮食进口已达1亿多吨,超过2014年全年水平,很大程度是内外价差引起的。我国农业在与发达国家竞争中处于劣势,迫切需要提升农产品质量和效益。2015年以来,我国积极推进农业节本增效,实施农业品牌战略,发展高效

优质农产品。

"'十三五'是提升农业竞争力的爬坡期。"韩长赋说，必须始终关注优化结构、提质增效，只有质量效益上去了，才能有效破解价格"天花板"、成本"地板"以及资源环境硬约束，形成竞争优势。

2016年，农业部将着力调整优化结构、促进节本增效。加快推进农业供给侧结构性改革，推进种植业、畜牧业、渔业结构调整，适应市场需求调优、调高、调精。重点是调减玉米种植面积，调整生猪、牛羊、渔业生产布局，巩固提升粮食产能，推动粮经饲统筹、农牧渔结合、种养加一体、一二三产业融合发展。在技术、装备、设施、服务、加工和流通等方面，推动节水、节肥、节药、节电、节油，促进节本增效。

（新华社记者于文静、王宇）

粮食安全决不能放松

农业部部长韩长赋 2016 年 3 月 5 日在人民大会堂两会"部长通道"接受媒体采访时说，我国粮食进口总量还是占小部分，但粮食安全决不能放松。

韩长赋说，2015 年，我国粮食产量实现历史性的"十二连增"，达到 12429 亿斤。粮食丰收成为我国经济稳定向好的突出亮点。应该说我国经济保持稳定，抗风险能力强，很重要的就是农业稳、就业稳。

他说，粮食进口增加主要原因是国内粮食生产成本高。但总的来看，进口总量还是占小部分，比如大米只进口 60 多亿斤，进口最多的是大豆，达到 1600 亿斤。总的方针就是根据我国资源配置需要适度进口，但不依赖进口。

韩长赋说，"十三五"期间的方针是粮食不一定连年增产，但是必须保持稳定。

（新华社记者徐博、刘敏）

直面热点

巩固提升粮食产能，大力支持农民增收

——农业部部长、新闻发言人答记者问

粮食产量是否会继续增长？农民增收有哪些"门路"？现代农业怎么发展……3月7日在梅地亚中心举行的十二届全国人大四次会议记者会上，农业部部长韩长赋、新闻发言人叶贞琴就诸多农业领域热点问题作出回应。

"十三五"期间不追求粮食连续增产

谈到粮食产量问题，韩长赋明确表示，"十三五"期间我国不追求粮食连续增产，但是一定要巩固和提升粮食产能。

韩长赋说，对于我国这样一个人口大国，粮食始终是重大问题，要始终绷紧粮食安全这根弦，始终保持粮食稳定生产。目前我国粮食进口增加主要原因是品种调剂需要和价格差异，对此必须提高粮食的竞争力，发展规模经营，降低粮食生产成本，推广新的农业技术。

"总的来说，我们国家的粮食从中长期看并不是真正过剩了，粮食多一点少一点是技术性问题，保障粮食安全是战略性问题，技术性问题还得服从于战略性问题。"韩长赋说。

五方面政策支持"十三五"农民增收"农产品价格走低，经济下行压力大。农民工人数增长困难，工资水平增长更难。"韩长赋坦言，"'十三五'农民收入增长不容乐观，我现在也很操心这个问题。"

韩长赋表示，"十三五"规划纲要草案提出，"十三五"期间农民收入要保持在年均增长 6.5% 以上。农业部正在和有关部门研究制定农民

收入增长的支持政策体系。

"具体讲是五个方面，或者说争取五路进财，支持农民收入增长。"他介绍说，一个是节本增效，提高家庭经营的效益。二是推进产业化，让农民分享农业增值效益。三是城乡一体化，推进城乡基本公共服务均等化，让符合条件的农民工市民化。四是政策支持，加大财政支持力度。五是农村产权制度改革，让农民得到更多的财产性收入，农业部正在牵头制定农村集体产权制度改革的意见。

"加长补壮"农业现代化"短腿"

在回答记者关于发展现代农业的问题时，韩长赋表示，2015年，我国农业科技进步贡献率达到了56%，说明农业主要增长动力来自科技。"十三五"推进现代农业，我国具备较好基础。

韩长赋同时说，与城镇化、信息化和工业化相比，农业现代化还是"短腿"，"十三五"期间将把这条"短腿"加长补壮。

他介绍说，发展现代农业，农业的经营体系、生产体系和产业体系都要转型升级。沿海发达地区、大城市郊区、国家垦区、国家确定的现代农业示范区在"十三五"末要基本上实现农业现代化。

"最终的三个任务，就是保供给、保收入、保生态。"韩长赋说，"经过未来五年的努力，让老百姓'米袋子'更满，'菜篮子'更优，农民'钱袋子'更鼓。"

农产品质量安全任务艰巨

在回答记者关于农产品质量的问题时，韩长赋认为，近年来农产品质量安全水平总的来说稳中向好，但是问题不能忽视。保障农产品质量安全任务艰巨，责任重大。

"具体的措施有这样几条：一是落实属地责任，任何一级政府，都要对它属地内的食品安全负责。二是开展专项整治，对非法添加、农药兽药残留超标、私屠滥宰等违法违规行为保持高压严打态势。三是管控生产源头，从今年起推行高毒农药定点经营和实名购买制度。四是推进标准化生产，重点抓家庭农场、合作社和龙头企业。五是建立追溯体系，对地理标识产品、绿色食品、有机食品要率先实现可追溯。"韩长赋介绍说。

农业供给侧改革：抓"玉米、大豆、牛奶"三件事

提及农业供给侧需要进行的结构性调整和改革，韩长赋说，要通过农业供给侧改革，让农产品适应消费升级的需要，推动农业转型升级，使农民得到更多的收入。要在巩固生产能力的同时，让资源环境得到改善。

韩长赋把农业供给侧结构性改革总结为"重点抓三件事"："调减玉米"、"增加大豆"和"提升牛奶"。他表示，要推进粮改饲、粮豆轮作，有些地方要推广轮作休耕试点，把非优势产区的玉米面积适当调减下来。大豆方面，要搞好目标价格试点，开展大豆品种攻关，提高大豆生产效益。

"我们的奶业曾出过问题，市场对牛奶缺乏信心。大批国人到国外抢购奶粉，这是中国奶业人的耻辱。"他说，"要奋起直追，提高质量，恢复国人对民族乳业的信心。"

转基因非法种植被遏制，进口大豆多属转基因。"转基因个别品种确实在个别地方有非法种植的情况，我们进行了大量的调研和检查，我们的评估是，非法违规的种植是个别的、是可控的。"韩长赋说，农业部及有关部门已经有效遏制了转基因作物的违法种植。

韩长赋表示，从查处的转基因作物，比如个别地方的转基因玉米来看，被检测出来的转化体是获得了国内外的安全证书的，并且在国外广泛种植，安全性是有保证的。"不是因为他种植这个品种不安全，而是因为他违反了'两法一条例'，所以我们要严肃处理。"他说。

此外，有记者问到中国从美国进口大豆的情况，叶贞琴回应说，目前美国大豆产量中有 25% 销往中国。中国进口的玉米、小麦同样主要来自于美国。

韩长赋补充说，我国去年进口 8100 万吨大豆，绝大多数都是转基因大豆。这些转基因大豆均在国外进行过安全评价，同时也通过了中国农业转基因生物安全委员会的安全评价。

（新华社记者罗沙、于文静、李汶羲）

深度解读

稳定粮食产能　发展现代农业

——代表委员谈贯彻落实习近平总书记关于农业问题重要讲话精神

"保障粮食安全始终是国计民生的头等大事""以科技为支撑走内涵式现代农业发展道路""推进农业供给侧结构性改革"……

"农业稳则天下安。"习近平总书记在参加十二届全国人大四次会议一些代表团审议时，就农业和粮食方面的问题做了重要讲话，为我国农业现代化发展把准脉搏、指明方向，引发代表委员的广泛热议。

把饭碗牢牢端在自己手上

习近平总书记 3 月 8 日在湖南代表团参加审议时指出，保障粮食安全始终是国计民生的头等大事，要研究和完善粮食安全政策，把产能建设作为根本，实现藏粮于地、藏粮于技。

全国人大代表、湘西老爹农业科技公司董事长田儒斌认为，近年来社会上有一种声音认为，我国的粮食安全已经过关，抓粮食生产的工作不必太过紧张。习总书记的讲话高瞻远瞩，强调保障粮食安全始终是国计民生的头等大事，"把饭碗牢牢端在自己手上"，说到了主产粮区干部群众的心坎上，让广大种粮农民备受鼓舞。

目前，我国粮食产量已经实现"十二连增"，为新常态下稳增长、调结构、促改革、惠民生奠定了重要基础。但一方面随着人口增加、城镇化推进，粮食需求量刚性增长，粮食供应压力仍然很大；另一方面，人多地少、水旱灾害频发等国情，制约着我国粮食持续稳定生产，加上种粮的比较效益走低，农村青壮年劳动力大量外出务工，影响农民种粮积极性。

全国人大代表、中科院亚热带农业生态研究所所长吴金水认为，习近平总书记的讲话，是基于对国情的深刻把握，基于对世界发展大势的洞悉，也让我们更加清楚地看到我国粮食安全问题的现状，更加明白粮食安全战略的重要性。吴金水认为，粮食安全必须立足国内，以我为主，要依靠我们自己来保证全国人民的口粮。

全国人大代表、黑龙江省农业委员会党组书记王金会表示，总书记的讲话对粮食生产实际工作指导性很强。国家要继续稳定水稻、小麦的支持政策，确保我国口粮安全。同时加快推进马铃薯主粮化战略，突破当前制约马铃薯产业缺少窖储设施、产业链条短、商品薯品种差等障碍，加快马铃薯主食化开发，增加口粮品种，稳定口粮生产。

"在部分粮食品种阶段性供过于求的背景下，可建立适应国情的耕地休耕制度。比如对部分易发生水土流失和低洼内涝的耕地进行休耕、合理轮作，达到养护耕地的目的，实现耕地资源可持续利用，变藏粮于仓为藏粮于地。"全国人大代表、黑龙江省穆棱市大地农业科技有限责任公司肥料配方师高春艳说。

走内涵式现代农业发展道路

习近平总书记在参加湖南代表团审议时提出，以科技为支撑走内涵式现代农业发展道路，这一表述引发代表委员的热议。

"总书记的讲话可谓把准了中国农业发展的时代脉搏。"全国政协委员、东北林业大学副校长赵雨森认为，内涵式现代农业发展道路，就是摒弃过去依靠"大肥大农大水"的资源消耗型发展，而是走以科技创新为动力、以现代经营制度为依托的现代农业之路，这是中国农业未来的发展方向。

"我国用占世界 1/3 的化肥，生产了占世界 1/5 的粮食，这种靠要素投入的低水平生产，只能带来高成本、低效益和高污染问题，是一条不可持续的农业发展之路。"在全国人大代表、金正大生态工程集团股份有限公司董事长万连步看来，农业发展要想提升效率，就必须依靠现代科技。

与城镇化、信息化和工业化相比，农业现代化还是"短腿"，尽管良种化、水利化、机械化水平不断提升，但我国农业的劳动生产率目前仍只有世界平均值的 47%，与美国、欧盟等发达经济体仍有明显差距。科技进步对我国农业增长的贡献率为 56%，比发达国家低 20 多个百分点。"十三五"期间"补齐短腿"，亟需科技发力。

"总书记提到要提高农业物质技术装备水平，真是一语中的。从我们黑龙江省连续多年抓农业的过程看，现代化大农业要想快速发展，小机械肯定不行，效率低，精准度差，影响农业集约化和标准化发展，这就需要使用现代化大农机推进农业现代化发展。"全国人大代表、佳木斯市市长林宽海认为，2015 年我国科技进步对农业贡献率超过 50%，这说明科技已经成为农业发展的主要引擎，未来科技兴农的增长空间将十分巨大。

吴金水代表建议，继续加大农业科学技术研发的投入，加快农业科学技术水平的提升，完善农业科技人才体系的建设，推广农业先进技术和合理种植模式，稳定粮食产能，促进农业提质增效，实现"藏粮于技"。

供给侧结构性改革：下一步农业的"主要方向"

习近平总书记在参加审议时指出，推进农业供给侧结构性改革，提高农业综合效益和竞争力，是当前和今后一个时期我国农业政策改革和完善的主要方向。

近年来，我国粮食虽然实现了"十二连增"，但同时我国粮食进口量连续两年突破 1 亿吨大关，由于农产品产需之间结构性矛盾突出，形成了粮价倒挂、产量库存进口"三量齐增"的罕见现象，一时间"国粮入库、洋粮入市"现象屡屡出现。

"推进农业供给侧结构性改革时不我待。"全国政协委员、中国科协副主席陈章良告诉记者，他去年曾专门去东北三省、河北和云南调研粮食供需矛盾状况。在吉林省，他看到大量的玉米都积压在仓库里。"当年的玉米收获以后，已经没有仓库可以盛放，只好把前两年的玉米作为陈化粮处理掉，把仓库腾出来，储存新收获的玉米，造成不必要的浪费。"

"农产品供给侧改革，关键在于提升农产品生产的质量和效率。"全国政协委员、湖南省政协副主席杨维刚认为，总书记的讲话切中当前粮食市场的主要问题。目前我国农产品成本较高，品种结构不合理，与市场需求脱节，难以形成有效供给。这就需要大力推进农产品的供给侧改革，提高农产品的有效供给。

"新形势下，农业主要矛盾已经由总量不足转变为结构性矛盾，主要表现为阶段性的供过于求和供给不足并存。我们要推进粮食的供给侧结构性改革，至少在粮食生产上要调整品种结构，让我们的生产更加符合市场需要。"全国人大代表、金正大生态工程集团股份有限公司董事长万连步说。

"以前人们关心的是能否吃饱饭，而现在人们更关心的是能否吃'好'饭，关心碗里的饭是不是健康、绿色。但目前市场相当一部分农产品还不能满足大众这方面的新需求。脱离市场需求的供给，最终只会被市场淘汰。"赵雨森委员认为，习总书记提到推进农业供给侧结构性改革，恰逢其时，是消费者的时代呼声。

（新华社记者王宇、潘林青、管建涛、周楠）

商务部

SHANGWUBU

进一步放宽服务业外资准入限制

列席十二届全国人大四次会议的商务部部长高虎城 2016 年 3 月 13 日在经过"部长通道"时说，我国将进一步放宽外商投资准入领域，特别是在技术、金融、教育、文化、物流等服务业领域进一步开放，同时积极研究放宽高端制造业的外资准入限制，鼓励外资积极参与国有企业改造、转型升级和创新发展。

高虎城在回答记者有关利用外资的问题时说，去年，我国利用外资结构出现积极变化，共吸引外资 1260 亿美元，同比增长 5.6%，其中 70% 投向了高端制造和服务业。

"利用外资结构的变化趋势和国内产业转型升级非常同步。"高虎城说。

他表示，扩大利用外资是我国扩大对外开放的一个重要领域。下一步，我国将进一步优化利用外资布局。随着"一带一路"倡议的实施和推进，我国中西部和沿边沿江地区已经成为新的开放的前沿，具有很大潜力。

高虎城介绍的数据显示，过去很长一个时期，中西部利用外资的比例偏低。去年占全国利用外资比重只有 16% 左右，在"一带一路"倡议提出之前只有 12%。

"我们正在抓紧研究制订新的中西部外商投资优势产业指导目录，进一步放宽外资进入中西部地区的市场准入领域。"高虎城说。

他说，下一步还将在沿边和沿江地区发展边境经济合作区和跨境经济合作区，推动沿边和沿江进一步对外开放。

高虎城说，我国还将加快中美和中欧自贸协定谈判。目前，中美投资协定谈判已经进入实质性的负面清单谈判阶段，中欧自贸协定谈判也进展较快。

"我们希望通过双方的努力，尽早达成一个平衡共赢的中美自贸协定和中欧自贸协定，为利用外资创造一个国际化、规范化、便利化的环境。"

高虎城说，同美国和欧盟等发达经济体商签自贸协定有利于建设国际化高水平的外商管理体制。

（新华社记者刘东凯、李延霞）

要下力气降低我国消费成本

商务部部长高虎城在经过"部长通道"时说，我们国家的流通成本是比较高的，大概是发达国家的一倍。要下力气降低消费成本，进一步增强消费对经济增长的拉动作用。

高虎城在回答记者提问时说，我国消费成本在产品成本中的比重前几年是20%，现在是15%—16%，而发达国家是8%。在这方面有很多文章可做。要着重加强城市之间共同配送、农产品运输、冷链系统等基础设施建设。

高虎城说，随着我国进入中等收入国家行列和社会保障体系的建设完善，消费已经成为持续拉动经济增长的主要动力。去年消费对国内生产总值增长的贡献率达到66.4%。

他说，随着我国中高收入阶层的形成，加上现代互联网技术的支撑，个性化、品牌化、差异化的消费需求、产品需求越来越强烈。国内消费在强劲增长的同时，境外消费也在增加。这反映出供给侧结构性改革中要着力弥补的一个短板。

高虎城说，在服务消费方面，我们还处在大众化、基础化的建设阶段，家政、医护、教育、卫生、旅游等是消费热点，城市和农村都有相当的市场需求。

他表示，将进一步优化改善消费流通方式。随着互联网技术的发展，网购已经成为大趋势，线上线下的融合已经成为错位发展、推动消费的有效渠道。商务部很快就要推出"互联网＋流通"行动实施的指导意见，着重在消费方式上提供更多的便利，使它更规范。

高虎城说，今后将进一步保护和优化消费环境，继续推进解决侵犯知识产权、假冒伪劣、产品安全等公众反映强烈的问题。

（新华社记者刘东凯、许晟）

不设定量进出口指标符合现实

商务部部长高虎城 2016 年 3 月 9 日在经过"部长通道"回应为何今年的政府工作报告没有设定外贸进出口指标的问题时表示，国际贸易持续低迷，且各主要经济体宏观调控政策差异在加大，在风险和不确定因素难以预料的情况下，提出一个定性而不是定量的进出口指标符合现实。

"今年的政府工作报告中，没有设定外贸进出口的指标，这个问题越来越受大家关注。"高虎城说，最近全球经济形势错综复杂，国际贸易持续低迷。与去年 11 月、12 月份相比，国际货币基金组织和世界银行已经两次调低了今年全球的经济增长预期，分别调低 0.1 和 0.3 个百分点。

高虎城表示，现在全球经济增长预期是 6 年来最低的。国际贸易持续低迷，而且各主要经济体宏观调控政策差异在加大。全球经济、贸易、汇率、大宗商品的价格波动加剧，风险和不确定因素增加。在这种情况下，提出一个定性而不是定量的进出口指标是完全符合现实的。在目前情况下，很难做出一个定量的指标来。这也是近20年来中国第四次做出定性而不是定量的进出口指标。

今年1—2月进出口额出现下探主要受全球经济贸易情况影响，全球31个主要经济体1、2月份的进出口额全部下滑，且下滑幅度都在两位数以上。此外，还受到中国传统节日春节的影响。"政府工作报告中提出回稳向好，并不等于会放松进出口的工作。我们有信心实现回稳向好这个目标。"高虎城说。

（新华社记者周文静）

权威声音

我国正在从经贸大国稳步迈向经贸强国

商务部部长高虎城说，当前我国已经成为名副其实的经贸大国，第一贸易大国地位更趋巩固，双向投资实现基本平衡，正在稳步迈向经贸强国。

高虎城在2015年全国商务工作会议上说，"十二五"期间，我国货物出口年均增长6.5%，占全球份额从2010年的10.4%提升到2015年的约13.2%，明显快于全球主要经济体。服务贸易年均增长超过13.6%，位居世界第二。

高虎城说，我国双向投资实现基本平衡。2015年，预计吸收外商直接投资（含金融）1350亿美元，全口径对外直接投资1280亿美元。"十二五"期间，我国累计实际使用外资预计达到 6200 亿美元，比"十一五"期间增长 30% 以上，第三产业实际利用外资占比提高到 60% 以上。同期，我国对外直接投资年均增长 14.2%，从 2012 年起连续 3 年位居世界第三位。

他说，我国经济外交成效显著，深入实施"一带一路"战略，截至 2015 年底，我国与相关国家贸易额约占进出口总额的 1/4，投资建设了 50 多个境外经贸合作区，承包工程项目突破 3000 个。

此外，我国推动世贸组织第十届贸易部长会议达成《信息技术协定》扩围谈判等多项共识，签署并实施中韩、中澳等 4 个高水平自贸协定，目前 22 个自贸伙伴涵盖我国对外贸易的 38%。在亚太经合组织、二十国集团、联合国、金砖国家峰会、中非合作论坛等国际舞台，提出中国方案、中国建议，中美、中欧双边投资协定谈判（BIT）取得积极进展。

高虎城说，2016 年，要千方百计稳定外贸增长，努力实现优进优出；扩大开放领域，改善投资环境；改善公共服务，加快"走出去"步伐；拓展全方位经贸关系，主动谋划经济外交。同时要突出两个抓手，即要以"一带一路"统领新时期扩大开放、推进改革、发展多双边经贸关系，坚持共商共建共享，形成优势互补的跨国产业链、价值链，拉近与相关国家的利益纽带。

（新华社记者王优玲、于佳欣）

文化部

WENHUABU

贫困地区要在"十三五"末实现文化小康

列席全国两会的文化部部长雒树刚 2016 年 3 月 13 日在经过"部长通道"时表示，文化扶贫是整个扶贫工作中的重要方面和内容，"十三五"时期文化扶贫总的思路是重点抓好四方面工作。

雒树刚表示，文化扶贫首先是抓规划，要以县为单位规划文化扶贫内容，体现地域特色和因地制宜的原则；第二是抓基础设施建设，包括村级综合文化中心、乡镇综合文化站、县级图书馆文化馆等文化基础设施的建设和完善；第三是抓内容建设，为贫困地区送去优秀的文化产品，包括发掘当地文化资源，使群众既创造文化又享受文化；第四是抓人才队伍建设，一方面大力培育培养当地文化人才，同时更多组织文化志愿者到贫困地区参与文化扶贫。

"通过以上这些工作，最终要使贫困地区在'十三五'末实现文化小康。"他说。

关于"十三五"时期文化建设的总体思路，雒树刚表示，"十三五"时期将实施"一个工程"，构建"四个体系"。

"'一个工程'是文化精品的创作工程。"雒树刚说，"要围绕中国梦和弘扬社会主义核心价值观创作更多更丰富的文化精品，着力解决文化产品中有数量、缺质量的问题，从'高原'向'高峰'攀登。"

他表示，构建"四个体系"，一是构建中华优秀传统文化的传承体系，使传统文化创造性转化、创新性发展，保护好物质和非物质文化遗产，让文化遗产的文化价值进入人们心中；二是构建现代公共文化服务体系，按照标准化、均等化要求为群众提供更加便捷丰富的文化服务；三是构建文化产业体系，到"十三五"末，努力使文化产业成为国民经济的支柱产业；四是构建对外文化交流体系，扩大对外文化开放，提高对外文化开放的水平，一方面借鉴世界优秀文明成果，另一方面推动中华文化更多更好走向世界。

（新华社记者华春雨、刘奕湛）

建设县级图书馆不得低于 800 平方米

"贫困地区基础文化设施建设要有最低标准，乡镇综合文化站面积不得低于 300 平方米，县级图书馆不低于 800 平方米。"文化部部长雒树刚在"部长通道"接受记者采访时表示。

脱贫攻坚是"十三五"重要任务和目标，文化扶贫是扶贫开发工作的重要内容。

雒树刚表示，为了体现精准文化扶贫，文化部以县为单位制定了文化建设内容，体现因地制宜原则。

"要充分挖掘当地文化资源，为贫困地区群众提供喜闻乐见的文化产品，使群众既创造文化又享受文化。"雒树刚说。

雒树刚表示，我国目前注册的文化志愿组织有 7000 多个，队伍达到 100 多万人，还要进一步培养本地文化人才，鼓励文化志愿者到基层贫困地区去。

"通过'文化扶贫'最终使'十三五'实现文化小康。"雒树刚说。

（新华社记者黄玥）

补齐农村"短板"
打造便捷公共文化服务平台

——访文化部副部长杨志今

2015 年 11 月 3 日公布的"十三五"规划建议明确,"区域协同、城乡一体、物质文明精神文明并重"是今后五年文化改革发展的重要指针。补齐基层尤其是农村公共文化服务的"短板",成为"公共文化服务体系基本建成"目标实现的关键。

如何推动基本公共文化服务标准化、均等化发展,引导更多文化资源向基层倾斜?怎样创新公共文化服务方式,进一步保障人民基本文化权益?新华社记者日前采访文化部副部长杨志今,请他结合新近出台的《关于推进基层综合性文化服务中心建设的指导意见》,谈谈基层公共文化服务体系建设的新思路新举措。

补齐短板:解决设施供给不足、条块分割、多头管理

近年来,随着新型工业化、信息化、城镇化和农业现代化进程加快,城市流动人口大幅增加,基层群众的精神文化需求呈现出多层次、多元化特点,现有的基层文化设施和服务已难以满足广大人民群众的实际需要。

具体表现是,基层尤其农村公共文化设施总量不足、布局不合理,西部地区和老少边穷地区尤为突出;面向基层的优秀公共文化

产品供给不足；公共文化资源难以有效整合，条块分割、重复建设、多头管理等问题普遍存在，基层公共文化设施功能不健全、管理不规范、服务效能低等问题仍较突出。

十八届三中全会关于全面深化改革若干重大问题的决定给出破解之法——整合基层宣传文化、党员教育、科学普及、体育健身等设施，建设综合性文化服务中心。

"推进基层综合性文化服务中心建设，是一个重要抓手，有利于完善基层公共文化设施网络，补齐短板，打通公共文化服务'最后一公里'。"杨志今说，与此同时，中心也是传播和弘扬社会主义核心价值观、引领社会文明风尚的重要基层阵地。

由国务院办公厅印发《关于推进基层综合性文化服务中心建设的指导意见》（以下简称《意见》），以问题为导向、以标准化为尺度、以均等化为目标，提出了现代基层公共文化服务可持续发展的一揽子解决方案。

杨志今介绍，在牵头起草这一指导意见的同时，文化部确定了10个国家级试点地区和60多个省级试点地区，先行开展试点工作，探索路径、积累经验。一年多来，成效明显，比如浙江省以农村文化礼堂建设为抓手，推进农村综合性文化服务中心建设，整合农村文体活动室、演出舞台、音像放映室和农家书屋等各类公共文化设施，提供综合文化服务。安徽省选择了100个中心村作为试点村，建设农民文化乐园，为群众参与和享受公共文化服务就近提供场所。黑龙江省、上海松江、广西来宾、江苏镇江等省（区、市）也采取多种方式探索符合本地实际的基层综合性文化服务中心建设模式，有效拓宽了优秀公共文化产品和服务的供给渠道。接下来，文化部将在全国推广具有普遍借鉴价值的做法。

不搞大拆大建：盘活存量、调整置换、集中利用

最新数字显示，"十一五"时期，国家实施了乡镇综合文化站建设项目，中央财政投入 39.48 亿元，带动地方配套资金 56 亿元，共建成了 2.78 万个乡镇文化站，基本实现了"乡乡都有文化站"的目标。但在村和社区这一层级，设施缺口还比较大，全国 58 万个行政村中只有 38.5 万个建有村文化活动室，9.719 万个社区居委会中只有 9.12 万个建有社区文化活动室。已经设立的村（社区）文化室，有不少面积还没有达标。

杨志今强调，推进基层综合性文化服务中心建设，主要采取盘活存量、调整置换、集中利用等方式进行建设，不搞大拆大建。具体来说，在乡镇（街道）层级，对尚未建成的文化站要进行集中建设，对尚未达标的要提档升级。在村（社区）层级，主要是盘活现有存量，依托村（社区）党组织活动场所、城乡社区综合服务设施、文化活动室、闲置中小学校、新建住宅小区公共服务配套设施以及其他城乡综合公共服务设施，在明确产权归属、保证服务接续的基础上进行集合建设。

针对近年来广场舞等群众性文体活动需求快速增长，而城乡文体广场建设相对滞后的实际，《意见》提出要按照人口规模和服务半径，建设选址适中、与地域条件相协调的文体广场，以满足群众日常文体活动需求。

打造便捷公共服务平台：设置"菜单"、错时开放、流动服务

老百姓最关心的是，随着基层综合性文化服务中心建设的不断推进，能享受到哪些便捷服务？

杨志今说，中心主要向城乡群众提供文艺演出、读书看报、广播电视、电影放映、文体活动、展览展示、教育培训等基本公共文

体服务。除此之外，根据实际条件，做好党员教育、科学普及、法治教育以及就业社保、养老助残、妇儿关爱、人口管理等其他公共服务，在基层打造一个方便群众、便捷高效的一站式、窗口式、网络式综合性公共服务平台。

这个平台提供的服务将更对百姓"口味"。根据《意见》要求，畅通群众需求反馈渠道，根据服务目录科学设置"菜单"，采取"订单"服务方式，实现供需有效对接；实行错时开放，提高利用效率；为老年人、未成年人、残疾人、农民工和农村留守妇女儿童等群体提供有针对性的文化服务，推出一批特色服务项目；广泛开展流动文化服务，把基层综合性文化服务中心建成流动服务点，积极开展文化进社区、进农村和区域文化互动交流等活动；利用公共数字文化项目和资源，为基层群众提供数字阅读、文化娱乐、公共信息和技能培训等服务。

集中力量办大事：补助老少边穷地区　统筹使用经费

我国行政村和城市社区数量超过 60 万，建设这么多基层综合性文化服务中心，经费从哪里来？对老少边穷地区有没有特殊支持？

杨志今说，财政部自 2013 年起，设立了农村文化建设专项资金，按照每年每村一万元的标准下拨各地。同时，广电村村通、全国文化信息资源共享工程、农家书屋等文化惠民工程也重点面向农村基层。按照意见要求，今后对分布在不同部门、分散使用的经费将实行统筹使用，集中力量办大事。同时，要求地方各级政府根据实际需要和相关标准，将基层综合性文化服务中心建设所需资金纳入财政预算。对革命老区、民族地区、边疆地区和贫困地区基层综合性文化服务中心设备购置和提供基本公共文化服务所需资金，中央和省级财政将统筹安排一般公共预算和政府性基金预算，通过转移支付予以补助，同时对绩效评价结果优良的地区予以奖励。

此外，更多年轻人与新生力量将加入基层公共文化服务的行列。《意见》鼓励"三支一扶"大学毕业生、大学生村官、志愿者等，专兼职从事中心管理服务工作。

（新华社记者周玮）

深度解读

解读之一：以文化人

——从"十三五"规划建议看"两个文明"协调发展

《中共中央关于制定国民经济和社会发展第十三个五年规划的建议》（以下简称《建议》）2015 年 11 月 3 日公布。全面建成小康社会的决胜阶段，文化建设的目标理念与发展方式清晰而明确，一条红线贯穿其中：以文化人——推动物质文明与精神文明协调发展。

让人民群众感受到经济发展带来的幸福指数的提升

《建议》提出，深化文化体制改革，实施重大文化工程，完善公共文化服务体系、文化产业体系、文化市场体系。国家公共文化服务体系建设专家委员会主任李国新说："这实际上是强调公共文化、文化产业、文化市场的协调发展，相互促进。公共文化的现实需求，是形成带动文化产业增长的新要素。"

中国传媒大学文化发展研究院院长范周认为，建议强调了"体系"的建构与完善。"过去比较注重传统文化产业的发展，如会展出版广告等，近年也关注到文化创意和设计服务与相关产业融合发展，以及文化产业和新型业态之间的融合发展。同时，从社会环境到人才培育，从流通体系、金融支撑，到国际贸易等等，这些要素在'体系'中都是缺一不可。"

《建议》提出，"十三五"时期"文化产业成为国民经济支柱性产业"，同时也明确要求"坚持把社会效益放在首位、社会效益和经济效益相统一"。"实现'双效统一'，是推动文化产业发展、实现支柱性产业目标的前提和底线。不在这方面下功夫，我们的文化产业就可能成为'票房产业'。"范周说。

专家表示，协调发展体现在区域协同、城乡一致，全面小康要真正让人民群众感受到经济发展带来的幸福指数的提升，这大量体现在基层公共文化服务和文化产业的精准化服务上。

坚持阵地意识净化网络空间传播正能量

《建议》指出，牢牢把握正确舆论导向，健全社会舆情引导机制，传播正能量。加强网上思想文化阵地建设，实施网络内容建设工程，发展积极向上的网络文化，净化网络环境。

近年来，随着互联网的迅速发展，网络已经成为思想文化的重要阵地。影视领域频现改编自网络 IP 的热门作品，网络文化已经覆盖了电影、电视、图书、音乐、游戏等几乎所有的大众文化形式。同时，社会资本纷纷涌入，"互联网＋"与传统文化领域的深度结合，让网络文化成为正在崛起、不可忽视的文化力量。

北京师范大学艺术与传媒学院教授张智华认为，把握正确舆论导向，就要适应网络传播迅速、广泛的新特点，适应人民的需要和时代发展的新要求，坚持阵地意识，净化网络空间，弘扬正能量。"推动网络文化健康发展，是实现物质文明和精神文明协调发展的必然要求。"

《建议》提出，推动传统媒体和新兴媒体融合发展，加快媒体数字化建设，打造一批新型主流媒体。优化媒体结构，规范传播秩序。加强国际传播能力建设，创新对外传播、文化交流、文化贸易方式，推动中华文化走出去。

对此，国家新闻出版广电总局发展研究中心主任祝燕南指出，媒体通过融合发展，强化自身的传播能力和传播效果，直接关系到意识形态领域的安全和国际话语权的掌握。"移动互联网的迅猛发展，深刻影响着新闻传播业的整体格局和舆论生态。在这种情况下，推进融合发展，成为传统媒体转型与创新发展的关键。"清华大学新闻传播学院教授沈阳表示，建议着眼于解决机制问题，通过良好的战略规划和有力的实施措施，为新型主流媒体建设起到积极推动作用。

肥沃文化土壤坚实文化大厦唤醒文化基因

建议提出，扶持优秀文化产品创作生产，加强文化人才培养，繁荣发展文学艺术、新闻出版、广播影视事业。前不久深入江西、开展长篇小说创作扶持工程调研的中国作协副主席何建明说，聚焦创作生产和人才培养更要向下看，使更多基层优秀的创作者得到发展，使更多好的作品得以涌现，只有这样，我们的文化土壤才能更肥沃，我们的文化大厦才能更坚实。

"构建中华优秀传统文化传承体系，加强文化遗产保护，振兴传统工艺，实施中华典籍整理工程。"针对建议中的这一内容，中国文艺评论家协会主席仲呈祥认为，尊重中华优秀传统文化，唤醒我们的文化基因，并使之与当代文化相适应、与现代社会相协调、与大众需求相贴近，实现创造性的发展。继承的同时还要倡导创新，既接地气又通民心，从而增强艺术创作的活力。

（新华社记者周玮、姜潇、史竞男）

解读之二：3 万亿文化消费缺口如何补？

——从"十三五"规划建议看提振文化消费

海外血拼"纷纷剁手"，跨国旅游"说走就走"，居民消费水平提升的同时文化消费却仍是短板：文化部门发布的一份文化消费指数报告显示，我国文化实际消费规模与潜在消费规模间的缺口超 3 万亿元。

"公共文化服务体系基本建成，文化产业成为国民经济支柱性产业。"2015 年 11 月 3 日公布的"十三五"规划建议中，文化产业发展被列为全面建成小康社会新的目标要求。

提振文化消费市场，还有多远的路要走？

3 万亿元巨量缺口，文化消费两大矛盾凸显

一段时间以来，文化产业促进措施密集出台，中国文化市场不乏亮点：

2015 年 7 月上映的《大圣归来》惊艳四方，国内海外反响不俗；《捉妖记》票房突破 24 亿元，成为国内真人与动漫结合的成功探索；"互联网＋"概念吹响新一轮文化产业发展集结号，近两年来十几家中小动漫企业成功登陆"新三板"……

国家用于发展社会文化事业的投入不断加大，《中华人民共和国文化部 2014 年文化发展统计公报》显示，全国文化事业费同比增长 10%，人均文化事业费同比增加 9.4%，均高于同期 GDP 增速。

文化产业小步快跑趋势显现，但文化消费领域两对矛盾不能忽视。

由文化部门发布的《中国文化消费指数（2013）》报告显示：我国文化消费潜在规模为 4.7 万亿元，而实际消费仅为 1 万亿左右，缺口超3 万亿元，作为全国文化中心，北京 2014 年这一缺口也达 1378 亿元；中国社科院 2014 年发布的一份报告显示，2012 年，我国文化产值比上

升至 3.48%，而全国城乡居民文化消费率却下降到 2.20%。

文化消费两大矛盾降低了公众文化消费的"满足感"。中央财经大学文化经济研究院院长魏鹏举评价当前国内大众消费潮流时表示："跟一般的物质性消费相比，我国居民的文化消费仍然是偏弱的、不积极的。"

与此同时，文化消费市场一些其他矛盾也须予以重视：大城市文化娱乐项目丰富，乡村居民"一本杂志翻 3 年，十几年没摸过乒乓球"；一个剧目演十年，群众喜闻乐见的"草根"文化娱乐产品却不足；韩剧来势凶猛，有国际影响力的国产影片有限……

解需求之"渴"，要先找准"供给侧"症结

数据显示，发达国家教育文化娱乐消费一般占居民总消费的 20% 至 30%，而我国 2014 年这一数据仅为 10.6%。一边是巨大的文化产业财政投入，一边是"不温不火"的文化消费市场，"不等式"问题究竟出在哪里？面对"十三五"，哪些文化消费症结应当被破除？

——"软件故障"，精品文化"内核"缺失。"没有莎士比亚，再好的运营成绩也不值得夸赞。"《北京文化创意产业发展报告》主编王国华认为，欧美国家文化产业发达，凭借的是个性化内容、高科技呈现和成熟的运作模式，其中最根本的还是优质的内容供给。

专家认为，精品文化不足、草根文创量少、传统文化艺术产业创新动力不足，仍然是困扰我国文化市场发展的最主要瓶颈之一。

——"硬件错位"，重复建设，唯 GDP 现象仍存。宁波影视文化产业区管委会主任陈建瑜估计，目前 100 多个影视城中，仅 10% 能够良性运转，其余大多"吃不饱"或亏损。一些文化基地、"重大文化产业项目"因同质化重复建设、研发活力不强，长期依靠当地政府"输血"，生存举步维艰。

——"系统失灵"，供给与需求不匹配。中国社科院研究显示，以电视剧生产和消费为例，目前仅北京市就有影视制作机构 2000 多家，但每

年上万集的电视剧产量中只有一半能在电视台、卫视播出并引发消费。

"我国目前的文化产业增加值在不断增长，但是不能只强调文化数量上的增长，还要强调文化产业在质上的内涵式发展，科学、有序发展。"中国传媒大学文化发展研究院院长范周说。

精准破解：渠道"创新"与服务"均等"两手抓

面对即将到来的新一轮"五年计划"，"十三五"规划建议强调，深化文化体制改革，应"完善公共文化服务体系、文化产业体系、文化市场体系"。

专家认为，创新文化市场机制，让市场资源有更便捷、更高效的配置渠道；完善公共文化服务体系，让更多群体享受到优质文化产品，将是未来文化产业改革的两大关键。与此同时，抓住主要矛盾，分类促进文化消费是重点。例如，大城市尚待挖掘的是创意性文化需求，在农村则主要满足多种文化需求。

"我国文化发展应该切实以满足人民精神文化需求为出发点和落脚点，既不出现'结构性过剩'，又不存在'实质性短缺'，形成供给需求之间协调增长的良好关系。"魏鹏举等专家表示。

补齐短板、兜好底线，提振文化消费需求，不但需要筑牢基础，还需要在品质上下功夫。

习近平总书记在文艺工作座谈会上指出："精品之所以精，就在于其思想精深、艺术精湛、制作精良。"此次"十三五"规划建议再次明确了文化建设的精品化方向，要使公共文化在向基层倾斜的过程中让老百姓最渴望的需求得到满足。

不少专家认为，借助新业态，"泛文化产业"相关的地域壁垒、行业壁垒、部门壁垒将被进一步打破，文化产品流动将更加便利。

（新华社记者刘敏、黄鹏飞、陈诺）

补短板　兜底线　建机制　畅渠道　促发展

——聚焦"十三五"时期贫困地区公共文化服务体系建设规划纲要

文化部等 7 部委联合印发《"十三五"时期贫困地区公共文化服务体系建设规划纲要》。在文化部举行的第四季度例行新闻发布会上，文化部有关部门负责人详解了这一文件。

文化部公共文化司巡视员周广莲说，规划纲要提出到 2020 年，贫困地区公共文化服务能力和水平有明显改善，群众基本文化权益得到有效保障，基本公共文化服务主要指标接近全国平均水平，扭转发展差距扩大趋势，公共文化在提高贫困地区群众科学文化素质、促进当地经济社会全面发展方面发挥更大作用。

周广莲说，规划纲要突出五个特点：

一是补短板，进一步完善贫困地区公共文化设施网络。在县乡层面，重点是要推动县、乡公共文化设施的提档升级，确保到"十三五"末实现全面达到国家标准；在村级层面，重点是要采取盘活存量、调整置换、集中利用等方式，实现村级综合文化服务中心的全覆盖。

二是兜底线，切实保障贫困地区人民群众基本文化权益。重点保障农村留守妇女、儿童和老人等特殊群体的基本文化权益。进一步加大边疆民族地区公共文化资源供给，全面提高边疆民族地区公共文化服务水平。

三是建机制，切实提高贫困地区公共文化服务效能。建立健全群众文化需求跟踪反馈机制，进一步加强对公共文化服务项目和资源的统筹，实现共建共享，融合发展。广泛吸引社会资本参与，逐步形成政府、市场、社会共同参与贫困地区公共文化服务体系建设的格局。

四是畅渠道，打通贫困地区公共文化服务"最后一公里"。建立灵活机动的流动服务网络，有效扩大服务半径。积极构建数字化公共文化资源库和公共文化服务平台，推进基层公共数字文化服务的综合管理和"一站式"服务。

五是促发展，积极推动贫困地区群众脱贫致富。将文化帮扶作为支持贫困地区公共文化发展的特殊措施并提出具体任务，同时还提出增强群众文化素质、促进地方特色文化保护和发展，充分发挥"文化育民、文化富民"的积极作用。

据了解，下一步文化部等相关部门将推进精准建设，指导省级文化行政部门开展专项调查，摸清公共文化服务和资源底数。加大财政支持，中央和省级财政将通过转移支付对贫困地区基本公共文化服务项目资金予以补助，并根据绩效考核结果实施奖励；国家安排的公益性文化建设项目取消县及县以下和集中连片特困地区地市级资金配套，加大相关转移支付资金对贫困地区公共文化建设的支持力度。同时，加强考核评估，推动各级政府把规划纲要落实情况作为政府督察督办事项，作为对下一级政府绩效考核的重要内容。

（新华社记者周玮）

卫生计生委

WEISHENGJISHENGWEI

感谢你，怒斥号贩子的那位姑娘！

　　国家卫计委主任李斌 2016 年 3 月 5 日在列席当天开幕的十二届全国人大四次会议后经过"部长通道"时，针对网络上广泛流传的女子怒斥号贩子视频表示："我要感谢那位姑娘！一声吼，推动了老大难问题的解决。"

　　李斌表示，号贩子问题深层次上还是医疗资源的结构性矛盾。医疗卫生部门要会同公安部门一起整治号贩子，现在北京、上海、广东都采取行动，保持整治高压态势，同时真正做到挂号实名制。

　　回顾"十二五"期间医疗卫生战线完成的任务，李斌表示，我国人均预期寿命已超过 76 岁，个人卫生费用占医疗总费用的比重 20 年来首次降到了 30% 以下。未来我们将集中力量推进健康中国计划，深化医疗体制改革，建立更加成熟的具有中国特色的基本医疗制度。

　　　　　　　　　　　　　　（新华社记者刘奕湛、白阳、罗沙）

通过"互联网＋"提升诊疗水平

　　国家卫计委主任李斌在人民大会堂"部长通道"接受媒体采访时表示，将改善基层医务人员待遇，大力发展远程医疗，通过"互联网＋"提升诊疗水平，通过努力让人民群众人人享有基本医疗卫生服务，推进"健康中国"建设。

李斌介绍说，医疗卫生战线"十二五"期间在医疗卫生事业发展方面圆满完成了目标和任务。我国人均预期寿命已经超过了76岁，个人的卫生费用占医疗总费用的比重20年来首次降到了30%以下，人民群众的主要健康指标、总体健康水平达到了中高收入国家的水平。同时，随着社会的进步，人民群众"衣食足而更加关注健康"。我国也在应对着人口老龄化、疾病普遍化所带来的新挑战，和人民群众对健康医疗的新期待、新要求相比，我国医疗卫生还存在不少的问题，和人民的要求还有差距。

李斌透露，在今年的工作中，国家卫计委将下大力气来解决好这些问题。首先，通过深化改革，攻坚克难，来推动建立更加成熟、更加定型，具有中国特色的基本医疗卫生制度；其次，健全全民医疗保障体系，提高医疗保障水平，建立以分级整疗为基础，防治结合的医疗卫生服务体系，为人民群众提供均等化的基本公共卫生服务。

（新华社记者罗争光 陈弘毅）

直面热点

落实"全面两孩"，建设"健康中国"

——国家卫计委主要负责人答记者问

实施全面两孩政策后，进展情况如何？儿科医生紧缺怎么办？分级诊疗怎么推进？……2016年3月8日在梅地亚中心举行的十二届全国人大四次会议记者会上，国家卫生和计划生育委员会主任李斌，副主任马晓伟、王培安回答了中外记者提出的一系列热点问题。

全面放开生育"没有时间表"

"到目前为止，广东、上海、湖北等13个省区市已经完成了地方人口与计划生育条例的修订，多数省份将于3月底完成地方条例的修订工作。"李斌说。

"2015年，全国总人口是13.75亿人，未来峰值人口约为14.5亿人。到2050年，全国总人口预计仍有13.8亿人，相当于今天总人口水平。"谈到全面两孩政策对我国人口形势带来的影响，李斌说。她表示，全国符合全面两孩政策的夫妇据测算约有9000多万对。到2050年，我国劳动年龄人口大体将增加3000万左右，老年人口在总人口中的比例会有所降低，人口结构更趋于均衡。

回答记者"何时全面放开生育"的问题时，李斌明确表示："没有时间表。生育政策会根据每一个阶段人口发展趋势来进行科学研判，根据形势的变化，及时作出调整和完善。"

解决"生还是不生"的顾虑

李斌表示，全面两孩政策实施后，一些家庭在"生还是不生"问题上存在顾虑，主要集中在妇女就业、孩子照料、入托入学等方面。"对这些问题我们相关部门正在认真研究，要着力解决。"

李斌透露，2016年将制定和完善保障妇女合法权益的配套措施，保障妇女就业、休假权利，坚决反对在妇女就业问题上的歧视。政府部门将通过增加公立幼儿园、鼓励以社区为依托兴办托儿所，包括鼓励女职工集中的单位恢复托儿所等多举措满足新增入托需求。此外，还将加强月嫂、婴幼儿看护人员的培训，完善家庭支持发展政策，加强妇幼保健服务能力，加强危重孕产妇和新生儿的救治能力，保证母婴的安全。

针对孕妇增多的问题，马晓伟表示，"十三五"期间，卫生部门将采取措施扩充产科床位，加强产科医生和助产士的培养。"做好高龄孕妇的风险评估和健康检查工作，2017 年后要在省一级建立高危孕妇急救中心，在市县建立高龄孕产妇和新生儿急救抢救病房。"

四举措解决儿科医疗资源短缺

谈到我国儿科医疗资源，李斌说，我国儿童医疗保健需求巨大，儿科服务资源总量还不够，配置结构也不尽合理。卫计委正在会同有关部门制定加强儿童医疗保健服务的意见，采取综合措施解决儿科资源短缺的问题。

"一方面供给侧要加力，要扩大服务的供给。另一方面需求侧要减压，要加强预防，减少疾病。"她表示，一是加强儿科医疗服务体系建设，实现每个常住人口超过 300 万的地级市设置一所儿童医院。每个省市县都要设置一所政府举办的标准化妇幼保健机构，将儿童家庭作为基层全科医生、家庭医生重点签约的对象。"二是加强儿科人才的培养，到 2020 年力争招生儿科住院医师三万名以上。三是加强政策保障，合理确定儿科医务人员的薪酬待遇。四是加强儿童疾病的预防，让儿童远离疾病。"她说。

六大任务推进"健康中国"战略

谈到"健康中国"战略，李斌透露，国家层面正在积极推进"健康中国"建设规划纲要的编制，也在进行"十三五"卫生与健康规划和深化医改规划的编制。

李斌表示，将通过六大任务来推进"健康中国"建设，一是提供覆盖全民的基本公共卫生服务，加强重大疾病的防治。二是健全优质、高效、整合型的医疗卫生服务体系，完善分级诊疗制度。三是健全医疗保障体系，完善药品供应保障机制。四是建设健康的社会环境，共同治理环境污染、食品安全等。五是发展健康产业。六是培育自主自律的健康行为，提高居民健康素养。

分级诊疗让百姓"在家门口看好病"

在回答有关分级诊疗的问题时，李斌表示，从数据看，目前各地三级大医院诊疗量增长半缓，人满为患和"虹吸"现象趋于缓解，分级诊疗已经初见端倪。目前全国有 21 个省份做到 90% 的大病患者不出省，75% 的患者选择在本市的医院住院治疗。李斌说，下一步要加快建立区域医疗中心，提高地区医疗服务能力，通过布局逐步解决医疗资源不平衡的结构性矛盾。"分级诊疗是对我国医疗资源格局的重新调整，也是对就医习惯的改变。"马晓伟说，"从某种意义上讲，分级诊疗实施之日，乃为我国公立医院改革成功之时。"

马晓伟表示，要实现常见病、多发病在基层医疗机构，也就是基层首诊。首先要通过完善基层医生待遇和职业前途，来解决基层医疗人才问题。同时，在医保报销方面也要有鼓励患者去基层看病的政策。"基层首诊突破，分级诊疗的问题就有望突破。"

此外，对于社会关注的全面两孩政策实施后社会抚养费的去留问题，王培安说，落实"全面两孩"政策的前提就是继续坚持计划生育的国策，而继续坚持计划生育基本国策就要继续实行社会抚养费的征收。

（新华社记者罗沙、韩洁、李汶羲）

深度解读

解读之一："全面小康，需要人人健康"

——政协委员建言"十三五"健康中国建设

"身体好时没命干，身体有病拼命治，中间缺少了健康管理这一环。

推进健康中国建设，首先要推动健康管理发展，防患于未然。"全国政协委员张世平如此呼吁。

"十三五"规划纲要草案中提出要推进健康中国建设，深化医药卫生体制改革，建立健全基本医疗卫生制度，实现人人享有基本医疗卫生服务，推广全民健身，提高人民健康水平。

一些政协委员在发言中表示，健康服务业发展空间巨大，既是一个富含潜力的新兴产业，也事关百姓福祉，必须着力扶持培育，推动我国健康产业的快速发展与升级。

健康中国须注重预防为主

全国政协委员李立明说，健康中国的主要内涵就是以人民群众健康需求为导向，努力实现从"以疾病治疗为中心"到"以健康促进为中心"的转变，不断提高国民健康水平。

"预防为主应成为健康中国的主要内容；要打造健康中国，就必须注重和坚持预防为主。"李立明说。

"我们还没有形成健康管理的理念和习惯，在中国接受健康管理的人不足百分之零点几。"张世平委员说，每年进行至少一次身体检查，提出针对性治疗意见，再花一段时间去修复，这实际上也是给生命加油。

有研究显示，每投入 1 元用于社区高血压的综合防治，就可以节约心血管病治疗费用 8.59 元。疾病治疗往往需要更高的医疗费用，给患者家庭和社会带来更高经济负担。

李立明委员说，根据世界卫生组织相关测算，在中等收入国家和低收入国家，实施一套慢性病最佳干预措施所需的费用每年人均不超过 3 美元。

"与疾病发生后的治疗相比，疾病预防不仅效果好，可以挽救更多的生命，成本投入更是远远低于治疗。"他说。

健康管理体系要强化顶层设计

委员们认为，我国新一轮医改从顶层设计上基本体现了"预防为主"的理念和方针，实施几年来也取得了明显的成效和进展，但仍需向"预防为主"进行倾斜。

李立明委员指出，相对于疾病预防和健康促进，我国当前医改更加注重疾病治疗。从我国医改的政策设计来看，在医改几项重点改革任务中，大部分都是针对"疾病治疗"来设计的。实际执行中，巨大的医疗资源花费在重病大病的抢救甚至临终关怀方面。

此外，公共卫生人才队伍数量和质量的不足，也成为健康管理建设掣肘。近年来，我国各级公共卫生人才匮乏，公共卫生岗位胜任力不足。张世平建议把健康管理学纳入国家一级学科，培养专门人才。

"没有学科、没有资质、没有经费，谁愿意搞健康管理?"张世平说，健康管理体系的建设需要人才、科研和服务的全面支撑。

以科技创新助推健康产业

委员们普遍认为，应以科技创新改造传统健康产业，发展数字健康远程医疗、基因检测等新兴健康产业，形成多层次、多样化的健康管理。

全国政协委员骆沙鸣认为，在大数据背景下，应加快制定统一的标准和数据格式，建立居民电子健康档案，建立健全多层次、多元化、信息化、网络化、国际化的健康服务产业体系。

随着基因组学、分子生物学等基础学科的发展，生物制剂与生命科学技术正在健康产业中扮演越来越重要的角色。2014年全球销量前十名的药物中，有7个为生物制剂。而在生命科学方面，全球基因测序市场正在持续快速成长，细胞免疫疗法等新兴技术也日渐成为重要的治疗手段。

全国政协委员王执礼表示，生物技术与生命科学应成为健康产业重要的政策扶持方向，尤其应该通过出台鼓励政策和资金引导，对先进的基因测序及数据分析公司、技术驱动型生物制剂公司、与基因测序解读及个体化给药相结合的精准医疗公司，以及技术上取得突破的新型生物治疗方式等进行重点扶持，通过在上述领域的技术创新来实现相关产业的升级发展，进而提高医疗健康服务的供给质量。

（新华社记者侯丽军）

解读之二：政协委员建言破解"儿科医生荒"

针对全国多地出现儿科医护人员紧缺的现状，多位政协委员提出要尊重并呵护现有儿科医护队伍，提高儿科医护人员的职业荣誉感和行业吸引力，引入社会资本来加大儿科医疗服务供应。

全国政协常委、农工党中央副主席、上海儿科医学研究所所长蔡威认为，目前的"儿科医生荒"是整体医疗卫生体制改革进行到某一阶段爆发出来的一个现象，实际上还是改革不到位的体现。

"如果儿科职业风险高、负担重、待遇低、医患矛盾多的现状不改善，人们为什么要选择做儿科医生？就算学了这个专业，日后也会改行。"蔡威在接受新华社记者专访时说："关键还是在于提高儿科医护行业的吸引力。"

全国政协委员、北大第一医院副院长丁洁表示，"十三五"规划建议中提出要推进"健康中国"建设，儿童是实现"健康中国"的重要群体，而儿科医生是儿童健康的守护神，这部分人理应得到更好的尊重和呵护。

丁洁说，汉语中常用"小儿科"指代简单、易办的事，这完全是对儿科的误解。儿童各种机能发育不完全，身心都处于从不成熟到成熟的变动过程中，针对这个群体的疾病诊断和治疗都非常特殊，因此儿科绝对不是缩小版的"内科学"。

丁洁在提案中建议引导人们正确认识儿科作为一门独立学科、有完全学科发展史和学科体系的事实，尊重和呵护现有儿科医护人员，多宣传他们的先进事迹，传播正能量，同时对于愿意从事儿科事业的优秀人才在医院和医学院招录时不是"降低门槛"而是"优先录取"，以提高他们的职业自豪感。

"如果为职业奉献的荣誉感都没有了，你都不热爱这个职业了，还谈得上什么责任心？"身为儿科医生的丁洁说。

此外，考虑到儿科医生在病人身上花费的时间、耐心和精力都要比成人多得多，丁洁建议适当上调儿童诊疗费，增加的部分通过扩大儿童医保报销范围、提高报销比例等措施来弥补，同时制订针对儿童医院、设有儿科的综合性医院的专门补偿机制，缓解当前儿科"亏本经营"的窘境。

国家卫计委的统计显示，我国现有儿科执业（助理）医师约 11 万人，占全体执业（助理）医师总数的 3.9%。每千名 0—14 岁儿童儿科执业（助理）医师数为 0.53 人，低于世界主要发达国家，存在较大缺口。

对于卫计委近期决定扩大儿科医学生招生规模的做法，丁洁认为，长远看这会起到积极作用，但毕竟医学人才培养周期长，培养一名合格的儿科医生至少需要 8—10 年，眼下更重要的是稳定现有儿科队伍，减少人才流失。

全国政协委员、复星集团董事长郭广昌认为，要彻底解决儿童看病难的问题，还得从加大医疗服务供应入手，在体制机制上破题。他建议鼓励和引导社会资本以多种方式提供儿科医疗服务；全面发挥互联网功能，探索设立儿科互联网诊所、医院等。

（新华社记者白洁、熊争艳）

一行三会

YIHANGSANHUI

货币政策保持稳健　房贷政策因地施策

——中国人民银行行长周小川等答记者问

十二届全国人大四次会议 2016 年 3 月 12 日在北京梅地亚中心举行记者会，中国人民银行行长周小川，副行长易纲、潘功胜、范一飞等就"货币政策是否调整""如何看待首付贷""互联网金融监管"等热点问题回答了中外记者提问。

不会倚重货币政策实现经济增长

针对货币政策会不会转向宽松的问题，周小川表示，中国将更多依靠内需，而不是出口实现 GDP 增长，因此不会倚重货币、汇率政策来实现经济增长目标。

"从人民银行角度来看，经济增长在很大程度上和储蓄率有关系。"周小川说，"中国不会过度依靠出口来实现 GDP 增长，净出口在 GDP 增长中的贡献率也不再像以前那么大。在这种情况下，用货币、汇率政策刺激出口，对实现增长目标所能起到的作用并不大。"

周小川明确表示，如果国际国内没有大的经济金融风波事件，我国将保持比较稳健的货币政策，不会采用过度的货币政策刺激来实现增长目标。"如果国际或者国内有什么重大的变故性的事件，货币政策是要保持灵活性的，要应对各种冲击、各种事件的产生。"

房贷政策因地施策

在谈到房贷政策时，周小川表示，住房金融政策要考虑总量，全国平均看房地产市场仍面临较大去库存压力，2015年库存量比2014年增长15%多；也要考虑到目前国内房价出现很大分化，一二线城市房价上涨较猛引发关注。

周小川强调，商业银行信贷政策也要适应不同地方的变化，综合考虑住房信贷的可行性和所面临的风险。

潘功胜介绍，目前中国商业银行房地产贷款、个人住房贷款占整个贷款的比例大概是14%，不良贷款比例是0.38%，低于整个银行业1.7%左右的不良贷款比例。从首付比看，即便按照调整以后的20%最低首付比，和国际上横向比较来看也是较为审慎的。1月份首套房的首付比普遍在35%以上，二套房实际首付比在40%以上。

潘功胜表示，当前中国房地产市场总量过剩、区域分化。目前7.2亿平方米的库存房中，70%分布在三四线城市，因此住房信贷政策必须与全国房地产的形势相匹配。央行将因地施策，如2015年以来北京、上海几个一线城市必须执行原有的政策；加强市场自律，由商业银行自主决策；住房金融采取宏观审慎管理。

"大家不用急着去买美元"

在回应"大家是不是不用急着去买美元"问题时，周小川直言，"本来就没有必要急着去买美元。"

周小川表示，外汇市场市场情绪有时候会有波动，但回归正常、回归理性、回归基本面的趋势会继续下去。

"市场波动是有原因的，前段时间金融市场波动较大是由于经济下行压力、中国股市几轮大幅下调、欧洲和日本采取量化宽松政策、美联储加息等使大家情绪受到影响。"周小川认为，波动后，大家会更加注重经济分析，波动也会逐渐走向正常。

针对公众关注的跨境资本流动问题，易纲表示，总体来说，资本的流入流出在预期范围之内。资本流出和流入中大部分都是正常的积累起来的。有些是经常项下的贸易顺差，还有一些是在中国的直接投资。

"在流入中，可能存在部分额外的资本流入，如果预期变了就要流出。"易纲表示，通过对外汇流出结构的分析，流出的大部分是"藏汇于民"。中央银行持有的外汇储备通过市场购汇等方式，被企业、银行、居民买走，中央银行持有的外汇储备变成了民间企业、金融机构和家庭等民间持有。

开展投贷联动、发展债贷结合

在谈到如何破解初创科技企业"融资难"问题时，周小川介绍，首先应对科技创新类的初创型企业加大直接融资的服务力度，包括鼓励和支持天使基金、创投基金为科技创新型企业提供服务。

潘功胜表示，还要创新一些符合创业创新需求的金融产品，包括知识产权、股权、供应链的融资，科技保险等金融产品，开展投贷联动，发展债贷结合的新金融产品等。与此同时，健全风险防范和风险的分散机制，包括发展征信市场，建立担保基金和市场化风险的补偿基金，通过国家新型创业投资引导基金和中小企业发展基金等建立创业创新企业的风险分担机制。

"随着人民银行征信体系的逐渐完善，对于创业者和新创企业的资信也可以提供信息服务。"周小川说。

对于有媒体质疑很多资金没有进入实体经济，周小川说："这一判断有问题，社会融资总量一直在稳健增长，今年社会融资规模增长13%左右的目标，这个增长率并不低。"

银行不良资产证券化"只是试点"

回应"中国开展不良资产证券化"的问题时，周小川、潘功胜表示，银行不良贷款证券化"只是试点，额度也不大"，"这个市场也不一定很大"。

周小川表示，证券化的实质是市场化操作、市场定价。把一些不良资产打包卖出去，"这种操作也是可以的，不必夸大，因为这个市场也不一定是很大的"。但是整个过程中的管理要规范，风险要分析好，风险要自担。

"不良贷款的正常化是整个信贷资产正常化的一个部分，只不过是丰富了资产证券化的基础资产内容。"潘功胜说，要培育中国的不良资产市场化处置市场，发展拓宽信贷资产证券化市场。此外，这项业务目前还只是试点，试点初期额度也不大。整个政策框架设计上也严格防范风险。

7月1日开始运行新的非银行支付账户体系

在谈到支付账户管理时，范一飞表示，央行将从 2016 年 4 月 1 日开始运行新的银行账户体系，2016 年 7 月 1 日开始运行新的非银行支付账户体系，以适应消费者日益多样化的、个性化的消费支付需求。

范一飞介绍说，支付账户分两大类：一类是公众到银行开立的银行账户。另一类是随着电子商务发展和公众日常小额支付需要，不断发展壮大的第三方支付，称为非银行支付账户。

"从去年开始，我们加大了对银行账户以及支付账户分类管理力度，进一步推动支付体系便捷安全发展，落实账户实名制要求，保护金融消费者合法权益。"他说，"银行账户在现有个人账户基础上增设两类功能依次递减的账户，便于网上理财、日常小额支付需要。支付账户按照实名强度以及支付限额分为三类，功能逐次增强。"

互联网金融协会"若干天"后正式挂牌

针对互联网监管问题，周小川表示，中国互联网金融协会已经筹备了一段时间，在未来若干天会正式挂牌成立，以加强行业自律方面的管理。

"互联网金融有些方面表现挺好的，失败率比较高、导致跑路的主要是 P2P 网贷这个环节，这些还都是新生事物，大家都希望加强监管，但究竟行业应该是什么样的规矩，怎么样监管还正在探索之中。"周小川说。

他表示，互联网金融发展很快，出现很多新的问题。去年出台的相关文件还没有真正落实，就又出现了新的挑战。"互联网也需要加强自律管理，所以也要成立互联网金融协会。"

（新华社记者吴雨、罗沙、李汶羲）

银行业总体风险可控，
注册制不能单兵突进，保险扶贫大有可为
——银监会、证监会、保监会负责人答记者问

十二届全国人大四次会议新闻中心 2016 年 3 月 12 日下午举行记者会，中国银监会主席尚福林、证监会主席刘士余、保监会主席项俊波同台亮相，回应中外记者关心的金融热点问题。

支持实体经济平稳增长　银行业风险总体可控

尚福林表示，银监会坚持促进银行业服务经济社会发展和防范金融风险。

——用好金融工具，支持实体经济平稳增长，金融创新始终坚持"三个有利于"。

尚福林要求商业银行机构，创新要有利于提升服务实体经济的质效，不能通过所谓的创新去躲避监管；有利于降低金融风险，不能够把风险转嫁给投资人或者借款人；有利于保护投资者和债权人的合法权

益，实行穿透式的管理。

——严守不发生系统性、区域性风险的底线，维护金融稳定，确保银行业稳健运行。

尚福林介绍，截至 2015 年底，商业银行资本充足率是 13.45%，不良贷款率是 1.67%，拨备覆盖率是 181%，不少指标都优于一些发达国家平均水平。

针对最近一些评级机构下调了中国的主权评级和部分金融机构的评级展望，尚福林认为，这是对中国银行业运行情况的误判。"中国银行业风险总体可控，我们要做的就是更加注重防范风险，防患于未然。"

尚福林表示，要加强防范信用风险，对于产能过剩企业和"僵尸企业"，实行实名制管理，成立债权人委员会集体确定增减贷款，合力解决企业困难；要加强防范金融产品风险，对跨行业、跨市场的资金流动加强监管协调，始终能够"看得见""管得了""控得住"；要加强防范流动性风险，定期或者不定期地组织压力测试，鼓励中小银行建立同业互助机制；要加强防范外部风险，筑牢银行业、非银行业金融机构和民间融资活动之间的防火墙；加强防范内部操作风险，强化银行员工行为管控。

——深化改革开放，畅通各类资金进入银行业渠道，推进民营银行发展。

尚福林表示，银监会按照审慎积极原则推进民营银行试点工作，现在已进入常态化审批程序。"对于新设民营银行，受理权限已经下放给了各地银监局，已有 12 家进入论证阶段。"

尚福林介绍，2014 年开始的 5 家民营银行试点是成功的，运行总体平稳，为金融市场带来了新活力。截至 2015 年末，5 家银行资产总额达 794 亿元，负债总额达 651 亿元，各项监管指标基本达标。下一步银监会将继续加强政策辅导和与地方政府沟通会商，按照"成熟一家、设立一家"的原则推进民营银行设立工作。

——不断加强存款人和消费者权益保护，增强银行业竞争能力。

尚福林表示，银监会将加大对 P2P 网贷等互联网金融机构监管，并与有关部门共同开展互联网金融专项治理。

他提示金融消费者，在参与社会金融活动时，必须十分审慎，着重做好"三看"：看对象是不是面向社会不特定对象筹集资金；看回报是不是属于超常高利回报；看营销是否以公开宣传的形式募集资金。

注册制不能单兵突进　中证金未来几年不退出

在回答关于股票发行注册制改革问题时，刘士余说，作为资本市场顶层设计，股票发行注册制要搞，但这需要一个较长时间，注册制改革不能单兵突进。

刘士余说，注册制是党中央、国务院关于资本市场长期健康发展的顶层设计任务，明确是要搞的，但怎么搞要认真研究党的十八届三中全会的决定。决定提出，健全多层次资本市场体系，推进股票发行注册制改革，多渠道推动股权融资。

"这三项任务不是孤立的，而是递进的，多层次资本市场搞好了，可以为注册制改革创造有利条件。"刘士余说。

注册制改革还需要完善的法治环境。他说，2015 年 12 月 27 日全国人大常委会通过的授权决定，自 2016 年 3 月 1 日起实行，标志着可以启动注册制改革，但系列配套制度等还在研究论证，这需要一个相当长的过程。

"十三五"规划纲要草案提出，创造条件实施股票发行注册制。刘士余认为，创造条件也得有个过程，证监会将与各方充分沟通、凝聚共识。

他强调，无论是核准制还是注册制，都必须秉承保护投资者合法权益的真诚理念，对发行人的披露内容严格审查。即使将来实行注册制，这不但不能放松，还必须加强。

关于股市异常波动问题，刘士余说，2015 年股市异动中采取的措施防范了系统性风险，为修复市场、建设市场、发展市场赢得了时间。这符合党的十八届三中全会所提出的"使市场在资源配置中起决定性作用和更好发挥政府作用"的改革目标，也符合国际惯例。在市场进入自我修复和自我发展状态后，一些临时措施已经退出，但谈中国证券金融公司的退出为时尚早。

反思这次股市异常波动，刘士余说，中国资本市场不成熟是一个重要原因，包括不完备的交易制度、不完善的市场体系、不成熟的交易者、不适应的监管制度。对此，证监会必须深刻吸取教训，举一反三，加快改革，转换职能，全面加强监管，促进资本市场持续健康发展。

他强调，资本市场发展必须坚持市场化和法治化的根本方向，不能动摇。"今后，当陷入市场完全失灵，连续失灵的情况时，仍然应该果断出手。"

关于熔断机制，刘士余说，研究论证并实施熔断机制的根本出发点，是为了防止股市巨幅波动，保护投资者尤其是中小投资者合法权益。论证中，沪深交易所等机构广泛征求了意见。但推出后客观上造成了助跌的结果，运行结果与制度初衷基本背离。证监会立刻叫停了这一机制。

刘士余说，今后中国资本市场的制度建设要借鉴国际成功做法，但每项改革必须立足中国国情。我们是中小投资者占绝对主体的市场，这一点在世界上是不多见的。"可以预见，未来几年，我们的市场投资主体结构不会发生根本性变化，不具备推出熔断机制的基本条件。"

保险扶贫大有可为　行业发展安全稳健

项俊波介绍，今年政府工作报告有 6 处明确提到商业保险，涉及大病保险、巨灾保险、农业保险和出口信用保险等，如果把和保险业相关的工作算上，大概 15 项任务。

谈到扶贫，他说，保险业开展精准扶贫主要从大病保险扶贫、农险扶贫、补位扶贫和产业扶贫四个方面着手。其中，大病保险是解决因病致贫返贫的有效途径，到去年底商业保险承办的大病保险已覆盖城乡居民 9.2 亿人，加上基本医保经办机构承保了大概 1.3 亿人，实现了全覆盖；农险扶贫主要通过农业保险增强农民抗风险能力，防止因灾致贫返贫；补位扶贫主要抓短板，向社会贫困和基层人群倾斜，如为失独老人、留守儿童、残疾人士等专门推出新的保险服务；产业扶贫就是通过保险支持产业发展，比如通过发展小额贷款保证保险，为困难群众脱贫致富提供资金支持。

当被问及险资在资本市场频频举牌问题时，项俊波表示，举牌是二级市场普通的股票投资行为，保险资金是长线资金，对股票市场的稳定发展具有非常重要的支持作用。近几年通过保险资金运用监管改革，保险资金投资收益率从 2012 年的 3.4% 提高到 2015 年的 7.6%，创 2008 年国际金融危机以来最好水平。目前国内险资的举牌行为总体风险可控。到去年底，共有 10 家保险公司累计举牌了 36 家上市公司股票，投资余额 3650 亿元，占整个保险资金运用余额的比重是 3.3%，比例很小。下一步保监会将持续关注和监测险资的举牌行为，强化监管措施，加强风险预警和管控，确保在规则允许和法律法规的框架下来进行操作。

万能险引发公众关注，项俊波说，这是个好现象，说明社会公众对保险业认识的提高，也说明广大消费者潜在保险需求在增强。万能险是国际主流保险产品，兼具财富管理和风险保障双重功能。他介绍，万能险在美国已有 37 年历史，2000 年开始引入中国。2015 年我国有 57 家人身险公司开办了万能险，保费收入占整个人身险市场的 28%，这一占比相对美国等国家 40% 左右的占比还是有差距的。尽管我国万能险发展总体平稳风险可控，我们仍将加大监管力度守住风险底线。

（新华社记者韩洁、赵晓辉、吴雨）

深度解读

解读之一：让民间资本的"鲶鱼" 激活金融春水

引入竞争，打破垄断，一直是我国银行业改革开放的重要内容。"十二五"期间，我国民间资本进入银行业步伐明显加快，渠道增多、机构增加、比例增长。我们期待，随着不断发展壮大，民间资本的"鲶鱼"能够真正激活金融一池春水，满足人们对银行更好服务百姓和实体经济的真切期待。

民间资本进入银行业步伐加快

从改革开放初期，我国就开始有序推进民间资本投资入股银行业金融机构。"十二五"期间，随着金融改革开放的深入推进，民间资本进入银行业的步伐明显加快。

银监会数据显示，目前我国已有 100 余家中小商业银行的民间资本占比超过 50%，其中部分为 100% 民间资本；全国农村合作金融机构民间资本占比超过 90%，村镇银行民间资本占比超过 72%。民间资本进入银行业取得历史性突破。

据了解，目前我国民间资本进入银行业金融机构主要有四种模式。一是由民营企业自主发起设立中小型银行业金融机构。目前我国已试点设立 5 家民营银行、5 家民营金融租赁公司和 2 家民营消费金融公司。二是由民间资本与主发起银行共同设立村镇银行。我国 1200 多家村镇银行中有 93% 引进了民间资本。三是参与银行业金融机构的重组改制。目前民间资本参与组建农村商业银行占比达 85%，参股城市商业银行占比达 56%。四是向银行业金融机构投资入股。目前 20 家境内外上市银行中，境内外民间资本持有股份价值约占上市银行总市值的 25%。

"可以说，民间资本进入银行业的渠道和机构类型已全部开放，广大民间资本可以根据自己的投资意愿、风险偏好和承受能力自主选择。"银监会主席尚福林表示。

专家表示，民间资本进入银行业，发挥其来自民间、贴近民众的天然特点，有效填补了银行服务的薄弱环节，进一步健全了我国银行体系、促进了银行市场的竞争，增强了银行业服务实体经济的能力。

民营银行开启破冰之旅

民营银行试点的启动是民间资本进入银行业改革进程中的亮点。我国民营银行早在 1996 年就有第一家亮相，但此后鲜有新的进展，银行业国有资本长期处于主导地位。

党的十八届三中全会《关于全面深化改革若干重大问题的决定》提出，"在加强监管前提下，允许具备条件的民间资本依法发起设立中小型银行等金融机构"。2014 年 3 月，银监会正式启动民营银行试点工作。目前首批 5 家民营银行，深圳前海微众银行、上海华瑞银行、温州民商银行、天津金城银行、浙江网商银行已全部开业。

中国人民大学财政金融学院副院长赵锡军表示，当前中国经济面临结构调整转型，需要融入更多创新创业因素，发展民营银行可以利用其来自民间、熟悉民企、贴近民众的特点，弥补传统银行在服务小微企业、"三农"方面的不足。

2015 年 6 月银监会出台《关于促进民营银行发展的指导意见》，首次对民间资本进入银行业的基本原则、准入条件、许可程序、监管要求做出了明确规定。业内人士表示，这意味着我国民营银行将进入常态化发展阶段。

据了解，民营银行从试点到现在，许多民营企业对设立民营银行表示出较大的热情和兴趣，已有 40 多家企业表达过申请设立民营银行的意向。

期待民间资本发挥"鲶鱼效应"

长期以来，我国银行业以大中型银行为主，大银行的特性使其天然地愿意服务大客户，难以满足小微企业的要求。长期形成的垄断地位，也造成了其高高在上的优越感，对公众的服务意识不强。业界一直对民营银行寄予厚望，希望借助这一改革创新，缓解小微企业融资困境，让老百姓享受到更加便捷的多元化金融服务。

"在国家相关政策的支持下，预计'十三五'期间民营资本进入银行业的规模和速度都会有较大提升，力量也会逐步发展壮大。"中央财经大学中国银行业研究中心主任郭田勇表示。

然而，在目前市场竞争激烈的情况下，民营银行要很好地生存并不容易。受益于金融改革的政策环境，民营银行得以诞生。但随之而来的利率市场化，也是其面临的严峻挑战，加上互联网金融的迅猛发展，银行业"躺着挣钱"的时代一去不返。

"在保障存款人利益、股东盈利、合规经营等多方压力下，民营银行能否坚持自身定位，不走传统银行的老路，有待时间检验。"一位民营银行行长说。

郭田勇表示，希望加强监管的前提下，中国能够有数量更多、经营模式更加差异化的民营银行，更好地支持小微企业和"三农"，为中国经济转型升级提供新动力。

（新华社记者李延霞）

解读之二：政府助力融合市场创新
人民币国际化加速前行

　　一国之货币的流通性直接影响着本国经济的对外开放程度和发展水平。时至今日，随着我国对外开放程度的深入和经济水平的提高，人民币国际化已是"水到渠成"。分析人士指出，有政府的积极支持，配合市场创新驱动，人民币国际化将在十三五期间向着"可兑换、可自由使用货币"的目标，全速前行。

细微之处见真章

　　2015 年 11 月 3 日，《中共中央关于制定国民经济和社会发展第十三个五年规划的建议》（以下简称《建议》）提出，坚持开放发展，着力实现合作共赢，明确提出了"有序实现人民币资本项目可兑换，推动人民币加入特别提款权，成为可兑换、可自由使用货币"。

　　北京工商大学教授胡俞越表示，改革开放时至今日，无论是我们的经济现实，还是"十三五"的战略目标，都迫切地要求加快人民币国际化步伐。从表面上看，人民币国际化就是实现人民币可兑换、可自由使用的过程；从内涵上看，这个过程则需要在跨境贸易、对外投资、国际经济合作等多个领域逐一落实推进。

　　我国在"十三五"期间要开创对外开放新局面，提高对外开放水平，并努力形成深度融合的互利合作格局。《建议》中，从六个方面提出了要求，包括完善对外开放战略布局、形成对外开放新体制、推进"一带一路"建设、深化内地和港澳以及大陆和台湾地区合作发展、积极参与全球经济治理、积极承担国际责任和义务等方面。

　　分析人士指出，朝着这六个具体目标前进的过程，离不开人民币国际化的支持，同时又进一步在促进推动人民币国际化的步伐。这六个具体方面与人民币国际化之间是形式与内容的统一，可谓是"细微之处见真章"。

国际化进入快车道

自 1993 年逐步开展的经常项目自由兑换以来，人民币国际化大幕就已经徐徐拉开。但 2008 年金融危机后，主要发达国家执行量化宽松政策，给我国带来巨大的外汇风险；与此同时，尽管中国成为全球第二大经济体、全球第一大货物贸易国，但当前人民币在国际市场中的实际地位削弱了我国在国际大宗商品的定价力。

在过去的两年里，人民币国际化全面提速。目前，提供 24 小时不间断服务的人民币清算全球网络已初步建立，中国人民银行与 33 个国家和地区的中央银行或货币当局签署了双边本币互换协议，协议总规模超过 5 万亿元人民币；此外，随着跨境人民币业务范围不断扩大，业务规模不断增长，而且人民币离岸市场发展迅速。

据环球银行金融电信协会（SWIFT）统计，人民币已成为全球第二大贸易融资货币、第五大支付货币和第六大交易货币。截至 2015 年 7 月份，人民币全球货币占比为 2.34%，而在 2010 年 10 月排名仅为 35 位，占比过小几乎被忽略。

衍生品发展空间巨大

在货币的基本职能中，目前人民币在国际市场上实现的主要是价值尺度和交易媒介的职能，升华货币功能还需要在价值储藏方面着力，最终才能实现世界货币，展望十三五期间人民币国际化进展，在资本市场内的发展空间值得期待。

根据《建议》要求，"十三五"期间，我国还将推进"一带一路"建设，参与亚洲基础设施投资银行、金砖国家新开发银行建设，发挥丝路基金作用，吸引国际资金共建开放多元共赢的金融合作平台等。而这些客观上都需要人民币进入国际资本市场，需要有序推动人民币资本项目的开放。

马来西亚银行投行部门负责人章荣泉认为，随着国际贸易更多使用人民币结算，将创造相当规模的人民币流动性，这将催生市场对于相关金融工具的需求，推动建立更有效和综合的人民币资本市场。

2015 年 10 月 29 日，上海证券交易所、中国金融期货交易所、德意志交易所共同签约，成立"中欧联合交易所集团"。业内专家认为，新集团将共同建设离岸人民币金融工具交易平台，将研发和上市交易以离岸人民币计价的证券和衍生产品，将通过建设欧洲离岸人民币证券产品交易平台，可以在较短的时间内开发多样化的人民币证券产品，为境外人民币资金提供更丰富的投资工具选择。

目前，人民币国际化步伐已经开始进入到国际资本市场领域。包括允许境外央行类机构进入银行间汇市、海外发行人民币计价债券等都将提升人民币在价值储藏方面的地位。

胡俞越表示，政府深化金融改革推动，资本市场加快创新接纳，"十三五"期间，人民币国际化会"双轮驱动"，跑得更快、更远。

（新华社记者刘开雄、王文迪）

国资委

GUOZIWEI

国企改革首先要确保现有员工利益

2016 年 3 月 13 日十二届全国人大四次会议第三次全体会议前，国资委主任肖亚庆在两会"部长通道"说，国企改革首先要确保现有员工利益，因此在改革中要多用兼并重组，少去破产清算。

他介绍，与 20 世纪 90 年代末相比，国企已经发生脱胎换骨的变化，呈现出比较好的局面。新的业态、战略性新兴产业布局会创造很多新的机会，来增加就业。

在回应国资委自身改革时，肖亚庆表示，主要解决当前国资委在监管中存在的越位、错位和不到位问题。"国资委的定位要从以管企业为主转变为以管资本为主。"

肖亚庆说："要做到这一点，我们要在权力清单和责任清单上下功夫。"要根据职责定位把国资委管哪些清清楚楚地列出来，让企业知道，也让社会各界知道，并要把已经列出来的责任落实到位。

他说，国资委对企业监管存在太多太细的问题，但在资产保值增值、防止国有资产流失、保证战略布局符合国家大的需求等方面，还有很多监管工作要做。

"我们的负面清单，就是哪些国资委不能管不该管。"肖亚庆表示，今年将加大力度推进董事会授权试点，真正放权给董事会，让董事会在竞争主体中发挥核心作用。

（新华社记者高敬、许晟）

国企改革要持之以恒久久为功

——国务院国资委相关负责人答记者问

2016 年 3 月 12 日下午，十二届全国人大四次会议在北京梅地亚中心举行记者会，国务院国有资产监督管理委员会主任肖亚庆，副主任张喜武、副主任黄丹华和副秘书长、新闻发言人彭华岗就国企改革的相关问题回答中外记者的提问。

改革措施迈出实质性步伐

肖亚庆说，当前国企改革顶层设计的文件已经出台，主体框架基本成型，很多重要的改革措施迈出实质性步伐。比如，目前已有 12 个省把分类工作落实到具体企业；去年中央企业有 6 对 12 家企业完成重组；国资委清理、取消下放 20 多项审批权力。

一些重点难点问题的解决取得初步进展。肖亚庆介绍，中央企业探索开展多层次试点，比如在国投、中粮开展投资运营公司试点，在国药集团、中国建材、中国节能、新兴际华集团开展落实董事会职权试点，特别是在新兴际华集团，试点了总经理由董事会聘任，这在中央企业的集团层面还是第一次。从企业反映情况看，企业改革积极性较高，试点效果也不错。

改革工作"一棒接着一棒传"

今年国资委将主要做九项工作，肖亚庆介绍说，一是要进一步完善文件体系；二是要深入推进十项改革试点；三是要推进国资监管机构职能转变；四是完成国有企业功能界定和分类；五是加大公司制和股份制改革力度；六是推进规范董事会建设；七是推动中央企业调整重组，优化布局结构；八是要加强和改进外派监事会工作；九是加强国有企业党建工作。

十项试点是今年改革重要任务。张喜武说，推进国企改革，要始终坚持试点先行、直奔问题，通过试点试出新体制、新机制、新成效、新经验和新局面。当前国企改革的困难和挑战，主要是处理好激发活力与加强监管之间的关系问题，活力是国有企业做强做优做大的动力源，也是提高效率、竞争力的生成基，监管是防止国有资产流失的防护网，也是当前国企改革发展中的重要保障，改革要始终注意激发活力和加强监管二者有机结合，不可偏废。

"国企改革工作是一项非常复杂的系统工程，只有一任接着一任干，一棒接着一棒传，一件事一件事地做好，持之以恒、久久为功，才能取得成效。"肖亚庆强调。

央企管理层级太多必须改革

肖亚庆说，目前106家央企无论是在体制机制上还是在管理能力上，仍有与新常态不适应的地方，如与优秀的跨国公司和民营企业相比，现在央企管理层级仍然比较多，对此必须要改革，要压缩层级。

关于"国资委管得太多太细"的声音，肖亚庆说，国资委自身改革是关系全局的要点，现有权力、规范和事项要进一步清理，一是要转变定位，要向以管企业为主向管资本为主转变，优化、精简、调整国资监管事项，二是要把权力清单和责任清单两个清单搞清楚，做到该管的要科学管理，坚决到位，不该管的要退出来，让企业成为市场竞争的主体。

对于改革面临的挑战，肖亚庆表示不否认有极个别的人、极个别的管理者对改革认识不到位。"可能有极个别人对改革遇到的阻力，担当精神不够，会有这样那样的顾虑。"肖亚庆说，对于这些个别人，他的回答只有一句话：先出清，"必须把改革做好，这是绝大部分企业管理者现在的心情"。

央企要在供给侧改革中主动作为

肖亚庆说，当前国有企业特别是中央企业的产业结构偏重，重化工领域资产总额接近 70%，供给侧结构性改革任务很重，中央企业在供给侧结构性改革中要主动作为。

"中央企业要抓好创新发展一批、重组整合一批、清理退出一批。"肖亚庆表示，对于符合国家战略需要、具备优势的航空航天、核电、高铁、新能源、新材料等产业，要加大投入力度，对于长期亏损和资不抵债的低效无效资产，要加大处置力度，积极化解过剩产能。

同时要做好科技创新、管理创新和商业模式创新。肖亚庆说，在互联网时代、大数据时代，大企业要积极开展"双创"，用好"互联网＋""中国制造2025"等大战略，在管理、技术和商业模式实现创新。此外，中央企业要抓好品种、品质和品牌，当前很多产品质量、品种远远满足不了百姓需求，这是发展的潜力，中央企业要进一步努力。

将央企做强做优放到更突出位置

针对央企"大而不强"问题，肖亚庆说，下一步将把央企做强做优放在更突出的位置，鼓励一些企业通过兼并重组进入更符合市场竞争的其他产业链中，推动大企业更强更优。肖亚庆说，106家中央企业中，最大的资产超过4万亿，最小的资产不足50亿，职工人数最多的达152万，最少的只有数以千计，企业之间差距很大，改革任务很重。

针对有关三大石油公司纵向看产业链是完整的但内部产业重复效率低的疑问，肖亚庆说，这一问题在各个领域企业中都存在，是下一步改革需要完成和解决的问题。他指出，此前三大电信运营商通过共同出资建立铁塔公司，共享技术资源，既减少浪费又实现良好服务。下一步其他领域中央企业也要努力消除纵向、多余环节，用市场化办法消除横向隔阂，既搞产业链上的纵向整合，也在同行业间做横向整合，使企业运行更加顺畅。

改革要注意平衡各方利益

国企改革牵涉各方利益，这要求国资委与各方建立适应新要求的新关系和新秩序。对此，肖亚庆表示，国资委在下一步改革中，自身一定要做好职能转变，从管企业向管资本转变。他还透露，国资委正在抓紧研究如何对自身职能进行调整。

肖亚庆说，方方面面的利益平衡是任何改革都要面对的，大家有一个共同目标，就是通过深化国有企业改革，增强国有企业活力、控制力、影响力，同时也推动国有企业抗风险能力在现有基础上进一步增强。

肖亚庆还强调，国企改革不是要把企业搞弱了、搞小了、搞僵化了，而是要在进一步增强活力、控制力、影响力、竞争力上下功夫，使国有企业更加适应经济发展新常态要求，引领经济发展新常态，进一步发挥其在市场竞争中的主体地位。

央企改革要着重解决重复建设和低效问题

肖亚庆举例说，去年移动、电信和联通建立了铁塔公司。原来三大通信公司建的发射塔都选择了某一个最佳地区，一家建一个，周边的居民有意见，还浪费了很多资源。所以每家出一定的股份共同享用这些技术资源，就减少了很多浪费，又给社会提供了很好的服务。其他央企此类事还比较多，可以改革的地方还不少。我们正在努力消除各个纵向的、多余的环节。

从横向来讲，中间的隔阂也要尽可能用市场化的办法消除掉，使内部的效率更高，既搞产业链上的纵向整合，也在同行业之间做一些横向的整合，使我们的资源能够共享、服务更加优质、价格能够降下来，使得企业运行更加顺畅，使对市场的反应更快。前几年，很多发电企业既搞电厂、又搞电力设备制造、还搞电力建设，规模都不大，自成体系，内部循环，这与市场的规律不相符。所以这个问题很重要，在今年和今后一段时间，我相信肯定会有更多的成果。

肖亚庆表示，现在要把做强做优摆在更加突出的位置。有些企业通过兼并重组，可以进入更符合市场竞争的产业链当中。举一个例子，现在 106 家央企，最大的企业资产 40138.5 亿，最小的企业资产 47.1 亿，最大企业的职工人数 152 万，最小企业职工人数数以千计，所以差别很大。由此看来，我们改革的任务很重，改革的内容很多，改革的事项也很繁杂。我们就是要从这些事情一点一滴入手，把它解决好。

本轮国企改革不会出现"下岗潮"

肖亚庆表示，与 20 世纪 90 年代相比，我们现在的底子比原来厚实多了，人均收入水平，包括员工的收入水平、整体的经济实力，也包括各个企业所拥有的财力，整体市场发展的程度都有了很大的变化。更重要的是，我们现在企业管理者经历过几轮的市场波动以后，对如何在新的经济形势下，如何在市场竞争中，处理好企业发展、员工利益和市场竞争等方面的关系，把握的能力、掌控的能力应该说都日臻成熟。

肖亚庆强调，保护员工的利益始终是下一步改革的一个重要方面，多兼并重组，尽可能少破产，这也是国有企业改革的一个方向。任何改革涉及职工利益时，要稳妥地处理好。作为监管部门，也要求企业要处理好这方面的关系，确保各方面利益。

（新华社记者华晔迪、荣启涵、罗沙、李汶羲、江毅、程士华）

背景之一：国资委明确"十三五" 央企法治工作五大任务　央企主要负责人 将是第一责任人

未来五年，中央企业法治工作的主要任务是，着力在促进企业完善法人治理、保障企业依法合规经营、推动企业依法规范管理、完善法律管理职能和加强法治工作队伍建设等五个方面取得新的突破。

在 2015 年 12 月 28 日举办的中央企业法治工作会上，国务院国资委副主任王文斌说，中央企业法治工作将努力推进"一个升级、两个融合、三个转变"，"一个升级"是法治工作从专项业务工作向全面覆盖、全员参与的全局性、战略性工作升级；"两个融合"是法治工作与企业中心工作深度融合，法律管理与企业经营管理深度融合；"三个转变"是法治建设从主要依靠总法律顾问推动，向企业主要负责人切实履行第一责任人职责转变；法治工作从法律部门单兵作战，向企业各部门协同配合、共同参与转变；法律管理从以风险防范为主，向风险防范、合规管理和法律监督一体化推进转变。

王文斌表示，"十三五"时期，中央企业将进入深化改革、加快转变发展方式、实现做强做优做大的关键阶段，企业法治工作肩负的责任更重大、任务更艰巨，他要求各中央企业围绕"十三五"时期总体要求和主要任务，做好本企业法治央企建设的规划部署，进一步完善总法律顾问制度，强化提升法律管理水平，切实增强境外法律风险防范能力，加快提高企业法律顾问整体素质。

（新华社记者华晔迪）

背景之二：我国"十三五"将努力造就一大批优秀企业家

企业家在推动经济发展中发挥着重要作用。"十三五"期间，国资系统将努力造就一大批德才兼备、善于经营、充满活力的优秀企业家。

这是记者从 2016 年 1 月 15 日召开的中央企业、地方国资委负责人会议上获悉的讯息。国资委主任张毅指出，"十三五"时期要努力实现国有资本配置效率显著提高、国有经济持续稳定增长，培育一大批具有创新能力和国际竞争力的国有骨干企业，造就一大批德才兼备、善于经营、充满活力的优秀企业家，推动符合我国基本经济制度和社会主义市场经济发展要求的国有资产管理体制、现代企业制度更加成熟定型。

多年来，在国际国内激烈的市场竞争中，中央企业练就一支熟悉市场经济、善经营、会管理、素质过硬的企业家队伍。张毅说，当前要注重调动企业家、创新人才、各级干部的积极性、主动性、创造性。企业家在推动经济发展中发挥着重要作用，要为企业家营造宽松环境，用透明的法制环境稳定预期，给他们以"定心丸"。

具体到 2016 年，中央企业和各级国资委要着力做好七项工作，具体包括：努力提升发展质量和效益；积极处置"僵尸企业"；深化国企国资改革，加快推进国资委自身改革；深入开展大众创业、万众创新，推动"双创"平台建设；持续推进国际化经营，积极有序参与"一带一路"重大项目建设；强化监管防止国有资产流失，进一步提升监管能力；加强国有企业党的建设等。

（新华社记者华晔迪）

海关总署

HAIGUANZONGSHU

加大减费力度　降低企业负担

　　海关总署署长于广洲 2016 年 3 月 9 日列席十二届全国人大四次会议第二次全体会议，经过"部长通道"时表示，将进一步加大减费力度，降低企业负担。

　　今年政府工作报告提出，要推进贸易便利化，降低出口商品查验率。当前进出口贸易形势比较严峻，海关如何落实贸易便利化成为不少代表和委员关心的热点。

　　"在进出口贸易的环节上，有一些费用增加了企业的负担，海关总署将继续加大清理的力度。"于广洲说，今年前两个月海关减费幅度较大。

　　于广洲介绍，去年 10 月份，海关在广东地区启动试点工作，对好的外贸企业可免收吊装、仓储等费用，对外贸企业给予很大支持。启动试点以来，共为 4.7 万家企业降费 1.7 亿元。

　　于广洲表示，将进一步推进海关"双随机"制度，海关查谁，谁来查，都由电脑进行风险设定，减除人为的自由裁量权，并争取今年 7 月"双随机"查验比例达 90%。

　　"我们将进一步降低进出口的查验率，风险小的企业在出口方面查验率要比以往再降一个百分点。"于广洲表示，在有效防控风险、有效监管的前提下，海关总署将加大精准查验，保证通关便利。

　　于广洲还介绍，去年海关总署推进通关一体化，把各个关口联通起来，手续可以在一个关口办齐。今年在海关总署将设立一批税收征管和风险防控中心，促使通关一体化更便利、更有效。

　　　　　　　　　　　　　　　　　　　（新华社记者吴雨、高敬）

坚持开放发展　实现合作共赢

——"十三五"对外开放战略布局前瞻

开放是国家繁荣发展的必由之路。"十三五"规划建议提出，必须丰富对外开放内涵，提高对外开放水平，协同推进战略互信、经贸合作、人文交流，努力形成深度融合的互利合作格局。

专家指出，发展开放型经济是我国经济发展的重要动力，应积极探索开放型经济的新模式、新路径，促使我国深度融入世界经济体系，在更加广阔的市场空间中实现可持续发展。

优进优出促外贸转型升级

海关总署最新发布的数据显示，今年前 10 个月，我国出口下降2%，但机电产品、高新技术产品、船舶、集成电路、手持无线电话机及其零件的出口额都实现了正增长。

在外需低迷、内需放缓、综合成本上涨等多重因素叠加作用下，我国外贸传统竞争优势继续弱化，新的国际竞争力尚需形成，外贸发展亟待新动能。

建议提出，提高传统优势产品竞争力，巩固出口市场份额，推动外贸向优质优价、优进优出转变，壮大装备制造等新的出口主导产业。发展服务贸易。

对外贸易经济大学研究员桑百川说，我国的传统优势贸易和传统竞争优势非常重要，应当在巩固"传统制造业中心"和"传统贸易大国"地位的同时，进行外贸转型升级，延伸产业链、价值链。目前我国涌现出华为、海尔、联想、三一重工等一批以技术创新为支撑的企业，也出现了高铁、核电、工程机械等享有良好国际声誉的高端装备制造业。未来应引领更多的企业通过品质提升增强出口竞争优势。

国务院发展研究中心宏观经济部部长余斌说，"十三五"时期，我国将迎来从以工业制造业为主对外开放到以服务业为主对外开放的转变过程，未来30年的开放重点是服务业的改革发展、对外开放及与国际接轨。目前，上海、天津、广东、福建等4个自贸试验区正在探索服务业对外开放。

陆海内外联动打造全面开放新格局

今年前9个月，我国企业对"一带一路"沿线国家的直接投资额同比增长66.2%；而"一带一路"沿线国家在金融服务业、租赁和商业服务业、制造业领域的实际对华投入外资额增幅分别达1509%、231%和9%。

建议提出，推进"一带一路"建设。以企业为主体，实行市场化运作，推进同有关国家和地区多领域互利共赢的务实合作，打造陆海内外联动、东西双向开放的全面开放新格局。

中国人民大学教授王义桅说，通过开放型经济走向全球经济的中心是大势所趋，也是中国经济增长的动力所在。中国经济的各方面将与"开放"紧密相连，全球资源会被"请进来"，到中国参与配置，而中国也将"走出去"参与全球资源配置。

国家行政学院经济学部主任张占斌说，在"十三五"时期要围绕着"一带一路"建设，探索开放型经济新体制、实现新突破。在对外投资合作方面，可允许企业和个人发挥自身优势到境外开展投资合作，允许创新方式走出去开展绿地投资、并购投资、证券投资、联合投资等，促进高铁、核电、航空、机械、电力、电信、冶金、建材、轻工、纺织等优势行业走出去。

2014 年我国双向投资首次接近平衡。"双向投资首次接近平衡，标志着我国从输出产品向输出资本转变。"商务部国际贸易谈判副代表张向晨说，未来要加快开放型经济转型，推进更高水平对外开放。

参与全球经济治理促国际经济秩序公正发展

建议提出，推动国际经济治理体系改革完善，积极引导全球经济议程，促进国际经济秩序朝着平等公正、合作共赢的方向发展。

专家认为，"十三五"时期，后国际金融危机影响更加复杂、更加深远，国际环境将继续发生广泛而深刻的变化，但是并没有改变中国发展的趋势，中国在世界上的地位和作用将更加凸显。

"从积极角度看，这是中国百年来的历史机遇，承担（提供）更多全球公共产品的责任，这意味着为世界发展作出更多更大的贡献，也意味着中国的影响力和软实力越来越强，从而推动世界进入共赢时代。"清华大学国情研究院院长胡鞍钢说。

建议提出，加快实施自由贸易区战略。要推动多边贸易谈判进程，促进多边贸易体制均衡、共赢、包容发展，形成公正、合理、透明的国际经贸规则体系。

胡鞍钢说，"十三五"时期，中国对外开放将进入"全面开放、全面参与、全面合作、全面提升"的新阶段，进一步为中国经济创造对外开放的"升级版"，推动国际治理体系建设，打造一个"成熟、负责任、有吸引力"的国家形象。

（新华社记者王优玲、王希）

"十二五"时期中国侦破
走私违法犯罪案件逾万起

"十二五"时期中国打私成效显著，5 年共侦破走私违法犯罪案件 10185 起，案值 2126.8 亿元，比"十一五"时期分别增长 63% 和 2 倍。

这是记者在 15 日举行的全国海关关长会上了解到的信息。

海关总署署长于广洲在会上表示，过去 5 年间，中国在重点区域、重点领域、重点商品打私成效显著，先后开展"国门之盾"、打私专项联合行动等一系列专项行动。严厉打击"洋垃圾"和涉毒、涉枪、涉爆走私，5 年共查获毒品 21.84 吨。

据介绍，2015 年全年，全国海关立案侦办走私犯罪案件 2241 起，案值 493.2 亿元。其中，侦办涉税走私犯罪案件 1242 起，案值 422.4 亿元，破获涉税千万元以上重特大走私犯罪案件 186 起。立案侦办毒品走私犯罪案件 354 起，缴获各类毒品 8.4 吨。

于广洲说，今年海关将继续保持打击走私高压态势。严厉打击粮食、冻品等农产品，集成电路等高新电子产品，成品油等重点涉税商品走私。坚决打击枪支、毒品等各类违禁物品走私。加大对非设关地偷运和利用边民互市、海关特殊监管区域渠道走私的打击力度。加强对出口申报不实、涉嫌影响退税案件的查办。

（新华社记者王希、赵倩）

工商总局

当好市场秩序的"守护神"

——访国家工商总局局长张茅

2015 年，商事制度改革取得新突破——全面实施"三证合一、一照一码"、深入推进"先照后证"改革、加快工商登记注册便利化等，推动了大众创业、万众创新。市场主体大量涌现，对市场监管提出了许多新要求和新挑战。未来如何加强监管，当好市场秩序的"守护神"？记者 24 日就此专访了国家工商总局局长张茅。

加强事中事后监管取得新成效

商事制度改革后，市场准入门槛降低，平均每天新增企业 1 万多家。市场竞争秩序成为社会热点问题之一，同时也考验着政府工作重心从事前审批转到事中事后监管的成效。

"我们坚持宽进严管、放管结合，以企业信用监管为核心，扎实推进企业信息公示、信息归集工作，初步建立了企业信用约束机制。"张茅说。

今年国家明确了"谁审批、谁监管，谁主管、谁监管"的原则，构建了以信息归集共享为基础、以信息公示为手段、以信用监管为核心的新型监管制度。38 个中央部门共同建立了失信联合惩戒，实现了对企业跨部门、跨地区、跨行业的信用约束和联合惩戒。

张茅说，信息公示是促进企业诚信自律、扩大社会监督的重要基础。今年是全面实施年报公示工作的第一年。工商部门首次推行"双随机"抽查机制，抽查企业即时信息公示情况、公司股东（发起人）出资公示情况、企业年报等。

"依托企业信息公示系统，加强年报、企业备案等信息归集分析，信用约束机制初见成效。"他介绍，截至 11 月底，全国被列入经营异常名录的市场主体 303.6 万户，对 132 万名"老赖"依法进行任职限制。

树立科学的市场监管理念

理念是行动的指南。张茅说，树立科学的市场监管理念，要激发市场活力，鼓励市场创新，规范市场秩序，维护消费者权益，提高监管效率，并要顺应全球化趋势。

"大量行政审批、各种繁琐的行政管制，仍是制约市场活力的重要障碍。"他说，要坚持问题导向，以降低市场准入门槛为着力点，深入探索"证照分离"，提高市场准入便利化，推动审批制度改革，促进市场主体持续增长、活跃发展。

目前，我国已经开始进入创业创新的繁荣时期。创新会改变传统的发展模式，也要求改变传统的管理方式。张茅表示，要继续改革工商管理，服务企业经营模式和组织方式的创新。营造激励创新的市场竞争环境，破除制约创新的各种体制障碍，增强市场主体创新动力。

他说，规范市场秩序，完善市场竞争环境，不是限制经济发展，而是我国经济转型发展、提质增效的重要保障。今后，要强化竞争政策的作用，打击假冒伪劣，为优势企业发展腾出空间，形成"僵尸企业"退出机制，消除地方保护和行政垄断。

今年国庆假期出现的游客出国购物热，反映出国内消费环境的不足。他表示，消费环境不理想已经成为制约消费潜力释放的重要障碍。要把改善消费环境、维护消费者权益作为重要着力点，通过改善环境，释放消费潜力，促进消费增长。

张茅表示，传统的人盯人、普遍撒网的监管方式，已不适应市场经济发展的方向。要不断探索市场监管新机制，强化企业信用监管，利用大数据资源，实现智慧监管，强化社会共治。

积极探索事中事后监管新机制

中央经济工作会议指出，2016年及以后一个时期，要在适度扩大总需求的同时，着力加强供给侧结构性改革。张茅表示，把规范市场秩序、改善市场环境作为供给侧改革的重要举措，要积极探索事中事后监管新机制。

在信用监管方面，工商总局将加快推进全国统一的经营异常名录库、严重违法失信企业名单库建设，建立跨部门信息交换机制。将企业信息进行关联整合、统一公示，实现企业信息归集共享，进一步强化联合惩戒。

他介绍，国家企业信用信息公示系统即"全国一张网"，要确保2016年底前基本建成使用。推动各地充分利用大数据资源和技术，探索"互联网＋"背景下的监管创新。

工商总局将注重发挥竞争政策的基础性作用，将在反垄断和反不正当竞争执法、网络市场监管、广告监管和商标专用权保护等方面加大力度。

（新华社记者高敬）

深化商事制度改革
激发经济发展活力

——访国家工商总局局长张茅

与万千企业息息相关的商事制度改革实施一年多来，激发了市场的内在活力，在整体改革中发挥了先手棋和突破口的作用。2015年，商事制度改革还有哪些主要任务？工作目前进展情况如何？工商总局下一步打算采取哪些举措？记者就这些问题采访了国家工商总局局长张茅。

商事制度改革激发市场内在活力

2014年3月1日，商事制度改革在全国范围内正式启动。张茅说，从开始试点至今，这项改革成效不断显现，大大地释放了市场活力和社会创造力，有力支撑了稳增长、促改革、调结构、惠民生。

他介绍，2015年1—4月，我国新注册市场主体406.6万户，同比增长13.5%，其中，4月份注册市场主体134.6万户，同比增长12%。

2014年，我国经济增速放缓，但就业不减反增。"由于工商登记等便利化措施，带来新设企业大量增长，发挥了鼓励创业、带动就业的良好效果。"张茅说。

同时，商事制度改革为结构调整注入巨大活力。他介绍，改革后新设立企业中，第三产业企业数量增幅达50.7%，明显高于第二产业的增幅，第三产业企业占所有企业的比重提高到了78.9%。

张茅说，全国工商和市场监管部门将以这次会议为契机，从"宽进""严管""优化服务"等三个方面推出一系列更有力度、更具实效的新举措。

"宽进": 推进"三证合一""一照一码"等便利化改革

"宽进"就是要进一步推进登记注册制度便利化, 营造宽松便捷的市场准入环境。

李克强总理在会上提出, 切实清除创业创新路障, 2015 年年内实现"三证合一""一照一码"。张茅介绍, 目前这方面的工作已经取得了积极进展。截至 2015 年 4 月底, 全国已有 29 个省 (区市) 开展了"三证合一"登记制度改革试点。其中, 27 个省 (区市) 实施"一照三号", 两个省市实行"三证统发"。江苏宿迁、福建自贸区已率先推行"一照一码"。目前注册时间已从改革前的平均 26 天缩短到了 14 天。

他说, 为加强顶层设计, 按照李克强总理批示和国务院的要求, 工商总局将进一步与相关部门沟通, 做好相关表格、材料规范以及计算机系统改造等准备工作, 确保年内实行"一照一码"。

此外, 张茅介绍, 推进登记注册制度便利化还要落实"先照后证"改革各项措施。按照国务院决定, 对于调整或者明确为后置审批的事项, 登记时不再要求申请人提交审批文件; 开展企业名称和经营范围登记改革, 放宽住所登记; 简化企业注销流程, 开展个体工商户、未开业企业、无债权债务企业简易注销登记试点, 努力实现市场主体退出便利化; 加快推进电子营业执照和企业注册全程电子化等。

"严管": 运用"互联网＋"等手段创新监管方式

降低准入门槛, 取消企业年检, 市场会不会"一放就乱"?

张茅表示, 2015 年工商和市场监管部门要把"严管"作为一项重要工作, 积极探索建立事中事后监管的新模式, 建立以信用监管为核心的新型监管制度。"利器"之一就是加强大数据、"互联网＋"

等信息手段的运用，实现对市场主体的"智能"监管。

他说，建设全国统一的企业信用信息公示系统，改变了我们传统的监管理念和方式，真正做到用信用监管，让企业诚信经营，接受全社会监督。目标是建设一个"全国一体、纵向贯通、横向互联、资源共享、规范统一"的国家企业信用信息公示系统，实现企业信息归集公示、联动响应和公共服务需求的"一张网"。

张茅表示，工商总局已经与有关部门合作，启动了国家企业信用信息公示系统规划方案编制工作，并着手起草建立完善企业监管部门联动响应工作机制的意见等相关文件。北京、上海、重庆、新疆等地已着手对不同部门的信息进行归集，实现了信息共享和互联互通。

"优化服务"：小企业要"铺天盖地"，更要"活得下去"

李克强总理在此次电视电话会上提到，促进大众创业、万众创新，让一切创造社会财富的源泉充分涌流，让所有社会成员拥有施展才能的公平机会，共享改革红利和发展成果。

张茅说，作为发展的生力军、就业的主渠道、创新的重要源泉，小微企业在发展中还存在一些障碍，尤其是企业初创阶段，如果缺少政策扶持，将有半数小微企业寿命短暂。深化商事制度改革，不仅要让小微企业"铺天盖地"地创立，更要让其能够"活下去"，并且"活得好"。

他表示，工商和市场监管部门要落实好国务院出台的扶持小微企业发展的一系列优惠政策，抓紧制定配套措施；要开展跟踪分析，加快小微企业名录建设，及时反映企业诉求，化解初创期的风险；针对众创空间等新型孵化机构集中办公等特点，鼓励各地结合实际，简化住所登记手续，为创业提供工商注册便利，提供更加优质服务。

（新华社记者高敬）

部 长 通 道

通过多种方式打击网络假货

2016 年 3 月 5 日上午在人民大会堂"部长通道",国家工商总局局长张茅接受采访时说,针对舆论关注的打击网络假货问题,目前制定了监管办法,同时通过多种方式加强消费者权益保护,形成共同治理的结构。

张茅回应现场记者提问时说,在类似"双十一"促销活动期间,互联网企业在逐步规范,对网店进行严格要求,打击假冒伪劣。此外,有关事项都在网上公开进行,所以使得商标中介机构的违法违规现象大幅度减少甚至消除。

在打击假货具体措施方面,张茅表示,国家工商总局制定了监管的办法进行抽查,同时加强保护消费者的权益,比如针对七天无理由退货公布了实施的方案,进一步界定了退货的范围和标准,使消费者可以更好地维护自己的权益。同时,还建立了企业的信用系统,使企业自律、行业自律、社会监督、政府监管,形成共同治理的结构。

（新华社记者刘景洋、陈弘毅）

商事制度改革对港资
和其他境外企业"一视同仁"

在人民大会堂"部长通道"接受媒体采访时,国家工商总局局长张茅表示，扩大个体工商户的经营范围，对于港资企业和其他境外的企业都将一视同仁。

张茅说，随着商事制度改革和《内地与香港 CEPA 服务贸易协议》在 2016 年 6 月正式实施，将对港资企业在内地投资提供更多便利。今后出台有利于企业登记注册的政策，对于港资企业也是鼓励和推动。

在 2 月举行的国务院新闻办公室发布会上，张茅介绍说，随着商事制度改革的推进，国家不断放宽市场准入，营造内外资宽松平等的准入环境。统计显示，改革以后，全国设立的港资企业 1.9 万户，平均每月新增 885 户，比改革前每月新增户数增长 9%。新增的港资企业户数在新增外资企业当中占到 38.49%，比改革前增长了 11 个百分点。

（新华社记者刘景洋、陈弘毅）

深度解读

"落子"新经济

——企业家代表委员眼中的"十三五"产业机遇

智能制造、定制化服务、网络经济……这些出现在"十三五"规划纲要草案中的新经济名词，昭示着一个个新的经济增长点。在新经济的"蓝海"中，嗅觉灵敏的中国企业家如何布局？记者就此采访了两会上来自一线企业的代表委员们。

智能制造：让中国制造插上"翅膀"

去年底，中信重工集团完成收购特种机器人制造企业唐山开诚 80% 股权，此举被视为这家老牌大型国有企业进军智能装备产业的标志性一步。

"看大势，抓转型。在新一轮工业浪潮下，智能化是装备制造业发展的一大趋势。"全国人大代表、中信重工董事长任沁新说，"十三五"期间，中国制造业将在工业化和信息化的深度融合中转型升级。

当前，一批中国制造业企业都在加紧智能转型，抢占行业制高点。

"十三五"规划纲要草案明确，我国将实施制造强国战略。促进制造业朝高端、智能、绿色、服务方向发展，培育制造业竞争新优势。

"人类对信息技术的开发应用已达到很高水平，如何将其应用到制造技术里，是全球制造业都在深耕的领域。这也将成为中国传统制造业转型升级、迈向中高端的重要抓手。"全国政协委员、天津商业大学副校长邱立成说。

智能制造正推动制造业向生产服务型转变。"未来浪潮不仅要继续致力于开发'云'服务器，还要推出云服务和大数据。"全国人大代表、浪潮集团董事长孙丕恕说，浪潮走到今天，一方面要继续坚持做核心产品和核心技术；另一方面，还要探索商业模式创新，延伸产业链条，从产品供应商向方案供应商和服务运营商转型。

"高精尖缺"技术：站在高点方能"一览众山小"

规划纲要草案中明确提出，要瞄准技术前沿，把握产业变革方向，拓展新兴产业增长空间，抢占未来竞争制高点；并依托企业、高校、科研院所建设一批国家技术创新中心。

"今年下半年，沃尔沃时速在130公里以内的自动驾驶辅助系统就能大批量商业化投放市场，正在研发的完全自动驾驶汽车将在几年内面市。"全国政协委员、吉利集团董事长李书福对记者说。

在李书福看来，中国汽车产业必须要立足全球。在全球无人驾驶技术研发的热潮中，长安、吉利等中国本土车企以及百度等互联网巨头纷纷投身其中，抢占这一汽车产业新的战略制高点。

只有站在高点，方能形成战略优势。

2013 年起，四川好医生攀西药业集团开始与四川大学生命科学院合作对美洲大蠊进行基因测序。"美洲大蠊提取物对创面、口腔、食道、肠道等组织愈合有明显作用。经过基因比对研究，来探索其药用价值和市场潜力。这是公司与科研院校在生命科学领域合作研发的众多项目之一。"全国人大代表、集团董事长耿福能说。

规划纲要草案中提出，今后五年，使战略性新兴产业增加值占 GDP 比重达到 15%。而目前这一比例约在 8%。

"这会催生出全新产品、全新行业。它将是一个国家经济的战略制高点，也是未来几十年国家的竞争力所在。"全国政协委员、清华大学教授白重恩说。

网络经济：打造智慧经济体

物联网、云计算、大数据，网络经济时代已经开启。规划纲要草案"第六篇"用了四章篇幅，聚焦拓展网络经济空间。

"我国正迎来各产业以现代信息手段为契机实现智慧化的机遇期。"全国政协委员、复星集团董事长郭广昌说，未来将不存在线上或线下之分，也没有传统企业和互联网企业，现代信息技术将与水、电等一样成为重要的社会基础设施，通过线上和线下交叉融合，最终形成全社会的"智慧经济体"。

全国人大代表、浙江省侨联副主席陈乃科说，未来大数据与互联网将在生产和民生服务领域进一步深度融合，带动上下游关联产业发展，为创新创业开拓巨大空间。

百度董事长李彦宏委员谈到，互联网和传统产业将继续深度融合，百度将积极开拓无人车这个巨大市场，而且也正打算通过"互联网＋"解决制造业面临的困难问题。

传化集团董事长徐冠巨委员介绍说，尽管物流业去年遭遇寒冬，但杭州公路港平台主营业务收入却同比上升近三成。

"围绕人、车、货，给实体公路港配上信息指挥系统、安全诚信系统等软件，公路港所在区域工商企业综合物流成本降低了40%。"徐冠巨说，"服务于生产端的互联网是一片有待开发的蓝海"。

定制化服务：释放蓄势待发的市场潜力

教育培训、健康养老、文化娱乐、体育健身、家庭服务……定制化服务在未来发展空间巨大。

"中国百姓不是没有需求，而是现有供应满足不了需求，这种需求更为多元、更具有个性化，关键是企业能不能在产品结构和商业模式上作出调整。"全国政协委员、天津大通投资集团董事长李占通说。

与钢铁等传统产业发展遭遇"天花板"不同，今后5年现代服务业等有望迅猛发展。规划纲要草案中提出，要"开展加快发展现代服务业行动"。

当前，服务业虽已成长为中国经济的"半壁江山"，但距离世界发达国家80%的占比，仍有相当大的潜力。

邱立成委员认为，信息技术的应用，使满足低成本的定制需求有了可能。"将来定制化生产将不仅仅是快速消费品，包括汽车等耐用消费品乃至零部件等都可以实现，这或许将给现有产业格局带来巨大变革。"

基于大数据分析，通过基因组测序、干细胞治疗等手段实现的"精准医疗"，既是战略性新兴产业，也属于健康服务业范畴，目前这一新的医疗模式也写入规划纲要草案。

全国政协委员、三胞集团董事长袁亚非已着手布局"精准医疗"。"'健康中国'给生物医药产业提供了巨大市场空间；中国百姓不断提升的健康需求，使精准医疗这一新的医疗模式在中国前景可期。"

（新华社记者安蓓、吴雨、白阳）

深化商事制度改革
实现"三证合一"和"一照一码"

"继续推进工商注册便利化，年内实现'三证合一''一照一码'。"国务院总理李克强在近日召开的全国推进简政放权放管结合职能转变工作电视电话会议上说。

推进"三证合一"和"一照一码"，正是今年深化商事制度改革中最难啃的"硬骨头"。所谓"三证合一"，就是将企业依次申请的工商营业执照、组织机构代码证和税务登记证三证合为一证，提高市场准入效率；"一照一码"则是在此基础上更进一步，通过"一口受理、并联审批、信息共享、结果互认"，实现由一个部门核发加载统一社会信用代码的营业执照。

记者了解到，福建自贸区已经开始试点实施的"一照一码"登记制度改革，让企业告别了公章"旅行"和重复提交的书面材料，一表申请、一个窗口受理，就能领到使用统一社会信用代码的营业执照。其中，平潭片区的企业只需要到办事窗口 1 次就可以拿到营业执照，厦门片区实现了平均 3 个工作日核发执照。

对企业来说，时间就是商机。国家工商总局局长张茅说："目前，企业注册时间已从改革前的平均 26 天缩短到了 14 天。如果实现'一照一码'，将会进一步提高办事效率，这对于每年 1000 多万新增市场主体来说，带来的时间价值、就业增加、资金使用效率都将是巨大的。"

截至 4 月底，全国已有 29 个省（区、市）开展了"三证合一"登记制度改革试点。其中，27 个省（区、市）实施"一照三号"，上海、河南实行"三证统发"。江苏宿迁、福建自贸区已率先推行"一照一码"。

目前，各地的改革推进中还面临一些困难和压力，有的地方实现了"三号"改"一码"，但只能在当地实施，其他地方不认可；还有的地方认为相关证、号不能取消。对改革认识不统一和不到位在一定程度上阻碍了改革进度。此外，要实现真正意义上的"一照一码"，还存在法律法规、部门规章不统一问题。

中国人民大学商法研究所所长刘俊海表示，这项改革涉及很多政府部门的职责微调和流程再造，当前各地试点措施和技术标准等并不统一，呼吁加强顶层制度设计，相关部门铸造合力、协同创新。

国家工商总局表示，目前已经与发展改革委、税务、质检等部门沟通协调，争取年内提前在全国全面推行"三证合一""一照一码"，进一步释放改革红利，为创业创新扫清障碍。

（新华社记者高敬）

质检总局

ZHIJIANZONGJU

部长访谈

打好技术牌　念好服务经

——访国家质检总局局长支树平

近年来，我国质量总体水平稳步提升，但仍滞后于经济社会发展，处于全球价值链的中低端，不能适应经济转型升级的要求。如何破解难题、提振消费信心、加速推进质量强国建设？在 2016 年 1 月 11 日召开的全国质量监督检验检疫工作会议上，记者采访了质检总局局长支树平。

以质取胜提升竞争力

"我国已成为全球第二大经济体、第一大进出口贸易国，其中就有质量的重要支撑。"支树平说，我国质量发展的基础还很薄弱，以质取胜提升竞争力势在必行。

针对消费者关注度高的产品，质检总局将在今年组织质量提升行动，其中就包括老百姓普遍关心的空气净化器、电饭煲、智能马桶盖、智能手机、儿童纸尿裤、儿童玩具、婴幼儿童服装、厨具、床上用品、家具等 10 种消费品。

企业作为质量的主体，为老百姓提供优质产品责无旁贷。支树平表示，要加快国内消费品质量安全标准与国际标准或出口标准并轨，促进内外销产品"同线同标、同质同价"，倒逼企业技术进步，开展个性化定制、柔性化生产，增加高质量有效供给。

当前外贸形势严峻，质量问题关乎出口竞争力，增强国内外消费者对"中国制造"的信心至关重要。推动出口质量安全示范区和示范企业建设，促进我国优质产品和高铁、核电等重大装备出口，树立"中国制造"质量标杆则成了提升信心的抓手。

在支树平看来，所有这些提升质量的举措，都是为了让老百姓有更多的"获得感"，让全社会分享更多的"质量红利"。

加强监管保安全

质量与人们生活密切相关，一旦发生质量安全问题，不仅损害消费者利益，更会打击消费信心。哪些工作会成为 2016 年质量监管的重中之重呢？

出重拳维护消费品安全、构建国门安全防护网、打好特种设备安全攻坚战，支树平一一列举，条条实在。

具体来看，儿童用品、食品、汽车及其配件、家用电器、汽柴油以及电商产品等将成为监管重点，质检总局要求查处一批货值大、跨区域的大案要案。同时，缺陷消费品召回制度将不断完善，涉及人身、财产安全的消费品将逐步全部纳入召回范围。

"世界多极化、经济全球化深入发展，人员往来和经济交流频繁，国门安全的时空领域逐渐扩大，安全形势日益复杂。"支树平说，要完善国境口岸公共卫生体系，加强口岸传染病排查，健全国门生物安全查验机制，严防外来有害生物入侵，加强进出口商品质量安全监管，将危险化学品全部列入检验检疫目录。

由于危险性高、安全监管难度大，特种设备一直是监管的"重头戏"。为防范重特大事故发生，针对压力容器、老旧气瓶、大型起重机械、小锅炉、大型游乐设施和客运索道等重点设备，质检总局将组织开展重点行业领域专项整治和重点部位场所安全检查。

电梯"带病"运行让住户头疼的问题也将得到有效医治，来看看支树平开出的药方：加快推进电梯应急处置平台建设，对建档问题电梯尽早排除风险隐患，对"三无"（无物管、无维保、无维修资金）电梯整治、老旧电梯更新改造等问题，提请地方政府挂牌督办。

夯实技术基础提升服务能力

质检部门最大的特点是"靠技术执法、凭数据说话"，特别是计量、标准、认证认可、检验检测等国家质量技术基础集于一身，既是履职之本，也是优势所在。质检部门如何打好技术牌、念好服务经？

打好技术牌是为了念好服务经，二者相辅相成，质检总局要出哪些牌？支树平说，要建一批国家技术标准创新基地、计量科技创新基地和联盟、检验检测认证公共服务平台，为科技创新成果产业化、创新型中小微企业孵化提供技术服务。

"要重点围绕'去产能'和处置'僵尸企业'，发挥标准的技术支撑作用、生产许可证的政策约束作用、执法检查的威慑作用。"支树平说，要严格环保、能效、技术、质量、安全等标准，全面普查钢铁煤炭企业质量情况，对质量不达标的企业责令其限期整改，限期整改后仍不达标的建议地方政府责令其停产关闭。

技术性贸易措施表现形式多样，是我国企业在出口中遇到的主要障碍之一。WTO/TBT-SPS 国家通报咨询中心、全国技术性贸易措施部际联席会议两大平台有了用武之地，它们将加强对重大技术性贸易措施的跟踪、研判、预警、评议和应对，不断增强国际竞争的话语权和主动权。

质检部门"凭数据说话"，这个"话"有没有分量，数据的整合利用非常关键。

支树平说，将搭建质检大数据平台，加快质量安全、质量技术基础、出入境检验检疫等数据的整合利用和适度开放，提高监管服务的针对性和有效性。

（新华社记者谭谟晓、董峻）

夯实质量技术基础
助力外贸优化升级

——访国家质检总局局长支树平

质量工作对促进经济转型和社会发展具有核心战略作用。"十三五"规划建议明确提出，着力提高发展质量和效益，并对质量提升、技术标准、外贸升级、生物安全、食品安全等与质检相关的工作都有表述。

质检部门将怎样加强国家质量技术基础建设、提高质量治理能力？如何推动外贸向优质优价、优进优出转变？记者就此采访了国家质检总局局长支树平。

夯实基础利长远

支树平说，计量、标准、认证认可和检验检测是国际公认的国家质量技术基础，它使生产经营服务有依据、可测量，能保证产品质量安全，保护消费者利益，支撑和推动技术创新，促进国际互认和对外贸易，是有效落实"以提高发展质量和效益为中心"要求的强力技术支撑。国家质量技术基础建设是国家治理和参与全球经济治理的基础工程。

· 271 ·

计量是贸易往来的纽带、公平交易的基础，是工业生产的"眼睛"、技术创新的"种子"和"引擎"，是国家核心竞争力的重要标志之一。

"'十三五'时期，国家更加强调创新发展，计量的支撑作用会更加凸显。"支树平说，要加大对计量前沿研究和科研基础设施建设的投入，把计量纳入国家和地区发展规划，强化计量对制造业提供全寿命周期、全量传链、全产业链服务，建立国家产业计量服务体系。

他说，标准是质量的重要基础，是经济和社会活动的技术依据。"十三五"时期，质检总局将整合精简强制性标准，优化完善推荐性标准，培育发展团体标准，放开搞活企业标准，为大众创业、万众创新营造良好环境。推进我国优势、特色技术标准成为国际标准，推动中国装备、技术、标准和服务走出去。

"认证认可和检验检测是国际通行的质量管理手段和贸易便利化工具。"支树平说，质检总局将完善统一的检验检测机构资质认定制度，推动检验检测机构诚信体系建设，促进民族检验检测认证品牌做大做强，为各行各业提供基准统一、通用开放、权威可信的资质评价服务与管理保障。

助力外贸稳增长

支树平说，"十三五"规划建议提出未来五年我国"从外贸大国迈向贸易强国"的对外贸易优化升级目标，"优质优价、优进优出"释放了外贸升级新信号。

他说，过去30多年，我国外贸发展路径以规模扩张和价格竞争为主，长期处于国际分工中的低端地位，实质上是以量取胜。2014年全国出口工业品遭退运4.24万批，价值24亿美元，其中因质量原因退运批次占57.66%。

　　"培育以技术、标准、品牌、质量、服务为核心的对外经济新优势势在必行。"支树平说，要加大品牌培育、推广和保护力度，加速品牌价值评价国际化进程，进一步优化进出口商品结构，促进先进技术、重要能源原材料进口，实现进出口贸易平衡。

　　据支树平介绍，我国是世界上遭受技术性贸易措施影响比较大的国家，每年约有24%的出口企业受到国外技术性贸易措施的影响，由此导致的直接损失达600多亿美元。

　　"强化技术性贸易措施部际联席会议的作用是提升应对国外技术性贸易措施能力建设的重要措施。"支树平说，要建立技术性贸易措施通报、咨询、评议、预警综合系统，完善敏感和重要商品进出口数据通报交流制度，维护我国企业合法权益。

　　支树平说，质检总局还将加强服务保障自由贸易试验区建设的力度，完善跨境电子商务检验检疫管理，推进跨境电子商务信用体系建设，进一步提升跨境电子商务商品的通关便利化水平。

突破瓶颈提质量

　　支树平说，"十三五"规划建议提出的"质量"主要是宏观质量、大质量，但也包含具体质量、微观质量。大质量是由产品、工程、服务、环境等具体质量组成的，离开了具体的质量，经济增长质量、社会发展质量等就无从谈起。

　　"我国已成为全球第二大经济体、第一大进出口贸易国，其中就有质量的重要支撑。"支树平说，但我国质量水平的提高仍然滞后于经济社会发展，不能完全适应日益激烈的国际竞争的需要。

　　在支树平看来，我国虽有200多种产品产量居世界第一位，但缺少核心技术和品牌优势，95%的高档数控机床、85%的集成电路、80%的高端芯片依赖进口，存在大而不强的问题。质量基础依然比较薄弱，特别是标准整体水平有待提升，质量专业技术人才缺乏。

"要突破这些瓶颈，必须大力推进质量强国建设。"支树平说，要认真落实《质量发展纲要（2011—2020 年)》和年度行动计划，推动各地各部门把质量纳入发展规划和绩效考核体系，在搞活市场的同时，进一步强化政府质量宏观管理职能，健全质量评价和激励机制，为推进质量发展创造有利条件。

他说，要支持企业开展技术和管理创新，推广应用先进管理方法和先进标准，不断提高产品档次和附加值，以产品和服务的质量升级提振消费信心，引导海外消费回流，从而带动消费结构升级。

支树平说，要围绕以技能、技术、研究等为驱动要素的质量竞争型行业，加大研发投入和人力资本投入，实施产品差异化，加快形成先导性产业，努力把我国经济社会发展推向"质量时代"。

（新华社记者谭谟晓、董峻）

将狠抓空气净化器、婴幼儿服装等产品质量

2016 年 3 月 9 日在列席十二届全国人大四次会议第二次全体会议前，国家质检总局局长支树平经过"部长通道"时说，"十三五"期间，将实施消费品质量提升工程，抓住消费者普遍关心的产品，如空气净化器、电饭煲、智能马桶盖、智能手机、婴幼儿服装、儿童玩具、家具、厨具等，打一场质量提升的攻坚战。

"中国的商品越来越丰富是一个不争的事实，但还不能完全适应消费者日益增长的质量安全需求，也是一个不争的事实。"支树平说，政府高度重视质量工作，国家 2014 年、2015 年产品质量抽查的合格率均稳定在 91% 以上，是一个历史性突破。

他表示，改善产品和服务供给，提升消费品品质，抓到了质量强国建设的关键点。质检总局还将推进质量安全标准与国际标准接轨，倒逼企业提升管理水平，为消费者提供更多的优质产品。

"质检部门将保持质量安全监管的高压态势，对风险大的产品加强监测和抽查，对制售假冒伪劣行为要重拳出击，产品质量问题集中的地方要实施集中区域整治，对缺陷产品多的，要督促企业依法实施缺陷产品召回，让消费者放心满意消费。"支树平说。

（新华社记者高敬、吴雨）

邮政局
YOUZHENGJU

打造航母级快递企业，
扩大快递有效供给

——访国家邮政局局长马军胜

我国是世界第一快递大国，快递业在服务百姓生活、拉动消费方面的作用凸显。"十三五"期间，快递业有哪些发展目标？在惠民生、促改革等方面如何拓展？国家邮政局局长马军胜3月6日接受了新华社记者独家专访。

"10元的社会零售额中，有1元是快递支撑的"

"目前，快递企业前8名市场集中度达77%。全国平均每天快递业务量有七八千万件，以7亿城镇常住人口计算，相当于10人中就会有1件快递。"马军胜用一连串的数字给记者描述了快递业的现状。对快递业的各种数据了然于胸，是他的特点。

马军胜介绍，从2007年开始，快递发展曲线和电商崛起高度吻合。2009年《中华人民共和国邮政法》修订施行，首次将快递业务纳入邮政业调整范畴，明确了快递企业的法律地位。7年来，快递业年平均增速均保持在50%以上，成为国民经济的一匹"黑马"。

2015年我国快递年业务量达206亿件，"这意味着每10元的社会零售额中，有1元是快递支撑的。"马军胜说，2015年，社会总零售额30万亿元，快递支撑网购金额3万亿元，占据了10%的份额。

在珠三角地区，网购交易额甚至占了社会零售额的 20% 的份额。快递业发展对于稳增长、促发展有着不可忽视的作用。

马军胜同时表示，不可否认，快递、网购的兴起对传统模式带来影响。但是，国外的网购为什么没有中国这么火？国内的网购为什么性价比这么高？这些都值得传统模式深思。"快递、网购的兴起，促进线上线下联动，倒逼传统模式改革，这就是促改革方面的作用。"

"快递下乡、农产品进城，这个双向流通就是供给侧改革的一个很好注解。"马军胜说，随着"快递下乡"在全国广袤农村的深入推进，越来越多的农特产品进入到城市消费者的家庭。农民群众的致富渠道得到拓宽，进而又提振、激活了农村的消费潜力，一条良性循环的路径已被打通。

一个包裹引发的国家工程

马军胜提及的"快递下乡"，今年已经作为一项国家工程被列入今年初中央 1 号文件，也纳入了"十三五"规划纲要（草案）。"这实际是一个包裹引发的国家工程。"马军胜跟记者讲述了"快递下乡"的由来。

2013 年 9 月，马军胜到江苏南通邮政速递物流叠石桥分拨中心调研，这个中心主要为当地家纺企业网上销售提供物流服务，流水线上的快件大都是寄往全国各地的家纺用品。"我随意拿起一件包裹，收件地址是云南省怒江贡山独龙族怒族自治县的独龙江乡，距离南通市直线距离有 2200 多公里。"为什么隔这么远网购？马军胜通过包裹上留的电话向收件人了解情况，原来当地很难买到这样的商品，即便有也很贵。唯一不方便的就是乡里没有快递，要走很远的路去县城取。"农民群众有使用快递的迫切需求，农村的市场潜力很大。"马军胜由此萌生了让"快递下乡"的想法。

2014 年 1 月 4 日，国家邮政局正式决定推出"快递下乡"工程，到 2015 年底全国农村覆盖率达 70%，快件量收投超过 50 亿件，带动农副产品进城和工业品下乡超过 3000 亿元。"按全国 4 万个乡来算，覆盖了 2.8 万个乡，5 亿农民享受到网购的便利。"马军胜表示，"快递下乡"的意义，不仅在于为农民群众送了多少包裹快件，而是让偏远地区的农民和城市消费者一样享有网购的便利，促进了消费公平，是一项真正的民心工程。

"农村的杂货店、修车铺纷纷叠加了快递下乡的代理店。"马军胜测算过，有些店本来经营就难，现靠着平均每天有 100 个包裹、月收入 3000 元基本可以能养活一个店。马军胜说，农村每年向快递业输送 10 多万名快递人员。目前全国仅快递一线员工就达 200 万人，2015 年解决社会就业岗位超过 20 万个。

"预计到 2016 年底，全国乡镇快递服务网点覆盖率将达到 80%。"马军胜向记者透露。

快递服务要以市场化需求为导向

马军胜说，我国快递业务量位居全球第一，但运行效率和效益不高，缺少具有国际竞争力的本土企业。"十三五"期间，要打造具备国际竞争力的航母级快递企业，扩大快递有效供给，带动快递业转型升级提质增效。

"加快快递供给侧改革，就是要以市场化需求为导向，按需而变，按需调整。"马军胜说，要推进快递服务向多元化、规范化、精细化发展，拓展仓储、冷链、金融、保险等一体化增值服务。提升航空运能，加强邮政业与交通、海关的衔接，推动快递企业走出去。"美国的快递服务制造业占一半份额，而我国快递服务制造业目前只占 10%，未来市场还有很大空间。"

马军胜介绍，在未来五年，邮政业全行业将累计新增就业岗位

100 万个以上，年服务用户超过千亿人次，行业业务总量和收入超越 1 万亿元，支撑网络零售交易规模突破 10 万亿元，行业收入占 GDP 的比重达到 1%。

"到 2020 年我国快递年业务量要实现 500 亿件目标，按现在的速度发展，这个目标有望提前实现。"马军胜对未来充满信心，而他更看重的，是快递业发展质量齐飞。

（新华社记者赵文君）

深度解读

解读之一：经济"黑马"快递如何奔向新的增长极？

与人们的生活息息相关、作为中国经济发展的一匹"黑马"，快递产业在"十二五"期间迎来了迅猛发展，业务量年平均增速超过 50%，约为同期国内生产总值增速的 7 倍。回眸"十二五"、展望"十三五"，我国快递业迎来发展的重要机遇期。

民营快递搭上政府顺风车

20 世纪 90 年代，申通、顺丰、宅急送等快递企业相继诞生，中国民营快递如雨后春笋般兴起。曾经顶着"黑速递"的帽子、在夹缝中求生存的小小快递，借助国家利好政策频出，搭上了邮政体制改革的快车。

——2011 年，国家首次将快递纳入产业结构调整目录；

——2012 年，国务院决定深化邮政体制改革，建立三级邮政管理体系，357 个省级以下机构顺利组建，快递市场发展环境进一步优化；

——2013 年，国家邮政局提出"到 2020 年建成与小康社会相适应的现代邮政业"的战略目标，快递业大发展、上水平成为实现邮政业"中国梦"的关键因素；

——2014 年，国务院决定放开国内快递市场，推动快递业向转型升级提质增效迈进；

——2015 年，国务院常务会议确定五大举措，推动快递业加速发展。

快递，日渐深刻地影响着每个人的生活。

据国家邮政局统计，2014 年，我国快递业务量完成 139.6 亿件，是"十一五"末 2010 年的 6 倍。截至 2014 年底，全国快递服务网点达到 13.2 万个，较上一年增长 12.1%，网点人口密度达到每 10 万人 9.7 个快递网点，网点面积密度达到每千平方公里 13.8 个快递网点。

2014 年，我国快递业直接吸纳就业超过 120 万人，支撑网购就业超过千万，带动工业品销售下乡 1600 亿元，推动出口近千亿元，支撑国内网购交易额突破 2 亿元，快递发展的社会经济效益日益显现。

"互联网＋"浪潮带来机遇和挑战

当前，我国已经全面开放国内外快递市场，中国本土快递企业在"5 毛微利时代"和"狼来了"的双重挑战下，如何实现转型升级、提质增效？

业内专家分析，中国快递业企业市场同质化竞争严重，以价格为主要手段的竞争十分激烈，供需矛盾、服务与价格背离等矛盾难以解决。能够提供整体性、系统性和专业性物流解决方案的企业严重缺乏。

与国际快递巨头相比，其拥有全球递达、标准服务、实时跟踪、强大品牌、国际市场份额稳定等核心优势，中国本土快递企业国际竞争力不强问题还比较突出，走出去面临严峻挑战。

快递咨询网首席顾问徐勇建议，在"最后一公里"方面，建立和开通相关绿色通道，比如航空、铁路方面建立快速提货、快速发货机制。在行车难、停车难，快递车辆技术标准的制定，智能快件箱进小区方式等问题上，亟待取得突破。

菜鸟网络总裁童文红认为，快递企业从一开始"资本是众筹的，劳动力是众筹的"，因此快递公司具备天然的互联网 DNA。因此，快递业不仅要完善产品结构，满足客户多元化需求，还要加快信息技术的革新，以信息技术引领未来，积极推动"互联网＋快递＋产业链"的协同发展。

打造行业新的增长极

"十二五"时期，我国快递业迎来第一个百亿时代，下一个百亿靠什么？国家邮政局局长马军胜提出，"引导快递业务由'1＋1'向'1＋3'转变"，从服务电商件扩容，把服务制造业、农村地区和国际市场等新业务打造成行业新的增长极。

徐勇认为，快递业的内涵已经发生了深刻变化。在"十二五"以前，快递的主要消费者在城市，满足商贸流通、商务交流和商业消费的需求。如今，随着快递下乡的脚步日益加快，快递服务的均衡性正在提升。

在转型升级的大背景下，快递企业也在转型升级中寻找着新的发展空间。跨境转运、仓配一体化、融入社区商业、渗入生活服务，代收货款、冷链、数据收集等，快递产业链条的附加值越来越大。"快递企业在向上下游产业延伸业务触角的同时，创造了新的消费观念、新的流通渠道和新的商业模式。"国邮智库专家杨世忠说。

圆通速递董事长喻渭蛟认为，快递与电子商务的协同发展，必将孵化出更多的产业。随着快递企业服务能力的提升，快递业服务于金融、制造业、冷链、医药等方面必将发挥更大的产业链集成效应。

阿里巴巴董事局主席马云表示，物流快递企业与产业链上下游协同发展，与互联网经济和大数据完美结合，将成为中国未来的商业基础设施。

（新华社记者赵文君）

解读之二：经济"黑马"，正在改变中国

——中国快递业调查

——两度载入中国政府工作报告；

——国务院常务会议多次就快递业发展作出部署；

——国务院总理李克强多次点赞快递业，认为它是中国经济的一匹"黑马"……

党的十八大以来，快递业异军突起，成为中国经济一抹亮色：连续4年年均增幅超过50%、行业产值增速数倍于GDP增速……2014年，中国更是成为"世界第一快递大国"。中国的社会发展和中国人的生活正在因快递而改变。

快递业的成长密码是什么？快递给中国带来了什么？快递缘何能改变中国？新华社记者深入北京、浙江、广东、湖北等地，就中国快递业发展现状和未来深入调研，试图揭开这一谜底。

快递网点覆盖全国近半乡镇

"快递中国"加速形成快递化的中国，几乎改变了每个人的生活。

在湖北洪湖市新堤镇洪林村，"80后"小伙杨晶正在仓库把莲藕打包装箱。一排排码放整齐的快递箱被隔壁快递网点的快递小哥运走，装车送往武汉分拨中心，再发往全国各地的快递网点。

正是借助快递，在外打工的杨晶回到家乡，把新鲜的莲藕卖到全国各地，他的网店年销售额也突破了千万元。原本家境贫穷的杨晶笑着感叹："是快递改变了自己的生活，拉动了周围农民增收，现在买藕都得找'杨总'。"

这是中国农村的一个缩影。

快递下乡让更多农民享受网购低价服务，同时更多的农产品以更便宜的价格、更方便快捷的方式抵达城市消费者手中，畅通了物流，改善城乡区域均衡。今年一季度，寄达西部地区的快件量比重持续增加，快递促进区域间商品流通的作用日益凸显。

据国家邮政局统计，2014年快递企业新建5万个农村网点，目前覆盖全国乡镇的48%，这意味着全国34170个乡镇中，一半都有了快递员的身影。国家邮政局、商务部近日联合发布的指导意见提出，到2020年我国要基本实现"乡乡有网点，村村通快递"。

国家统计局中国经济景气监测中心副主任潘建成认为，快递在农村和西部地区高速发展，不仅代表了消费升级，更重要的是通过快递的连接打破了边界，使整个国家成为统一而高效的市场，市场在资源配置中逐步起到决定性作用。

比较中看变化。放在20年前，外贸企业沪杭线上送一份报关单得花一个星期时间，以致有人愿意花50元请人搭火车连夜递送。寄件、收件都要本人跑去邮局排队，不可能宅在家里等人上门收取、派送。

经济"黑马"保持高增长姿态

"'双十一'高峰，平均每滴答一秒钟，就有200多件包裹涌入我们的网络。"韵达快递高级副总裁周柏根说。

"黑马"有多快？统计数据显示，过去4年里，中国快递业的年均增幅均在50%以上；去年的业务量达到139.6亿件，超过美国成为全球第一；去年全行业收入超过2040亿元。

2015 年 1—5 月，全国快递服务企业业务量累计完成 68.1 亿件，同比增长 42.7%；业务收入累计完成 969.5 亿元，同比增长 31.9%。当许多行业面临下行压力时，快递业持续保持的高增长姿态，令人瞩目。

来自吉林四平农村、不甘贫困的窦立国到北京打工干快递，2013 年承包一家快递网点。他做梦也没想到，阿里巴巴在美国纽交所上市，他同其他 7 名客户一起，在上市仪式上当了回敲钟人。

让窦立国"醉了"的是阿里巴巴，让阿里巴巴"醉了"的是快递。

当时的美国《洛杉矶时报》说，如果中国在过去 10 年没有形成 8000 多家快递公司，阿里巴巴绝不可能达到今天这样的规模。

目前，国内前几大快递公司，全网员工都已超过 10 万人。整个中国快递业吸纳了数百万人就业。

对就业创业的带动，在"三通一达"等加盟制快递公司中尤为突出。数千个加盟店，就是数千个就业、创富的分平台。

中通快递董事长赖梅松说："去年我们增加了创业岗位 6 万多个。2020 年，应该有七八十万人在这个平台创业。"

潘建成认为，快递本身是服务行业，比制造业更能拉动就业人口，这样的劳动密集型行业，在当前的经济下行压力面前，对缓解就业压力有很大作用。

"昔日市场'配角'，迅速成长为新常态下中国经济的一部发动机"

在中国这样一个拥有 13 亿人口的生产和消费大国，快递业"稳增长"潜力巨大。中国快递协会常务副会长兼秘书长李惠德说，对比 UPS、联邦快递等位列世界 500 强的快递业巨头，中国的快递企业还只是"小兄弟"，而差距就是潜力。快递业已成为各地在发展经济过程中的"香饽饽"。

据不完全统计，国内已有过半省区市出台了支持快递业发展的政策。人们认识到，快递业是服务业的关键产业，是改变传统流通方式、刺激消费升级的现代产业，是物流领域的先导性产业。

"以前，一些地方领导认为我们'档次低'；现在，每个月都有政府官员前来商谈，邀请投资。"一家总部设于上海的快递企业负责人说。

"中国快递发展没有靠国家投钱，便从原来的边缘产业转身成为国民经济中越来越重要的角色，为经济、社会发展提供支撑。"国家邮政局局长马军胜说。

发展至今，快递与电商已成为我国新经济中耀眼的"双子星座"。2015 年 5 月 4 日下发的《国务院关于大力发展电子商务加快培育经济新动力的意见》，要求"推进电子商务与物流快递协同发展"，并明晰了一系列举措。

"百货公司业绩下滑，网购如火如荼。"潘建成认为，快递形成的多对多模式，通过网络平台打破原来一对多的消费模式。它的崛起正体现了我国消费模式从排浪式向个性化消费的转变。

在工业制造领域，快递企业正在深度嵌入，成为供应链不可分割的一部分。

山东济南，我国最大的重卡生产企业中国重汽又接到一笔大订单。在总装线接到生产指令时，一公里外的邮政速递分公司也同步接到物资管理系统指令，将各种零部件进行分拣排序，根据生产进度送到车间预投区。快递物流融入生产供应链，使重汽生产线的员工减少 1/3，日产量从 50 辆提升到 80 辆。

《中国制造 2025》提出，积极发展服务型制造业和生产性服务业。这让快递物流业看到新的增长点。马军胜说，快递不仅自己是新兴服务业，更通过与电商的结合，为社会、流通、制造、消费提供了很多新模式和新业态。

潘建成说，正是快递业的高效低成本的优势，使得其他产业也充分利用快递业的发展。这种效率的提高加强了产业间的融合程度，起到了催化作用。

"中国快递是世界上性价比最高的快递"

每周一次，周五晚下单，周六捕捞，湖北的野生鳜鱼，总能在周日做晚饭前顺利抵达。北京的杨女士深有感触："以往不敢想象这样一个快递只要10元钱。现在我的生活已离不开快递。"

按收入和业务量计算，2014年我国快递平均单价不到15元。根据国家邮政局委托第三方机构测试，2014年上半年全国每单快递平均寄送时间只有约不到两天半。

"现在快递费只占网购商品平均单价10%，流通的费用大大节约。"马军胜说，配送快、价格低，快递不仅给老百姓实惠，也推动了产业链上下游发展。中国的快递已经是世界上性价比最高的快递。

快递业在成就自己的同时，也惠及他人、填平鸿沟。

贫困地区的年轻人通过快递实现就业创业梦想，并带动更多村里人脱贫致富；山里的老乡把自家种植养殖的优质农产品卖进城市，同时也能更便捷地消费和城市人一样的商品；地震、洪涝、灾区的民众能在更短时间内接收到各方的爱心款物……在"经济账"之外，快递业还有一本本可观的"民生账"。

国务院发展研究中心研究员魏际刚说："快递同时也是民生产业，它对民众的生活将带来更深远的影响。"

"改革成就了中国快递，快递也在倒逼改革"

1993年，王卫在顺德注册成立顺丰速运。同年，浙江桐庐人陈德军在上海成立"盛彤实业"，是为申通快递的前身。5年后，另一名桐庐人喻渭蛟也辗转到上海，圆通速递由此诞生。

他们这一脚，踏入了中国经济活力四射、开放发展的滚滚洪流。

潘建成认为，快递只是一个手段，他的发展不仅限于行业本身，其背后是中国创新动力提高、消费结构升级和产业结构升级带来的机遇，

"这是中国目前发展节点的重要时间窗口，也是中国经济机遇的窗口。"

调研中，记者向多人求教同一个问题：中国快递高速发展的密码是什么？

"靠天时，靠地利，靠人和。"圆通速递董事长喻渭蛟如是回答。

何为天时？垄断格局中生长的市场机遇，邮政业政企分开释放的巨大空间，邮政法出台确立的行业法律地位，电商爆发带来的需求井喷……快递业从体制中的夹缝成长，踏准了一个个重要时点，并不断倒逼体制改革。

何为地利？立足于中国市场经济巨大的潜力和回旋空间，快递业面对的是一片巨大的蓝海。上海市邮政管理局局长曾军山说："全球数一数二的经济体，必定能诞生数一数二的快递企业。"

何为人和？靠着聪慧的头脑、敏感的嗅觉、敢打敢拼的闯劲、吃苦耐劳的创业精神，中国快递人用双手改变了自身的命运和国家经济的版图。这路走得坎坷辉煌，荡气回肠。

采访中，回忆起快递创业过程中付出的艰辛乃至生命的代价，中通快递董事长赖梅松眼泛泪花。

如今，和阿里等巨头深度合作，携手资本"攻城略地"，相互抱团进军配送"最后一公里"……中国快递业动作不断，整个行业似乎处在新的变革前夜。

潘建成说，2015 年一季度我国第三产业首次超过 GDP 的一半，这是重要的时间窗口。目前消费者对于快递这样的服务消费需求比重在上升。这正好促进了快递业的发展，而快递业的发展又促进了我国创新驱动、消费结构、产业结构的升级。

紧抓改革红利，盯牢市场机遇，不懈拼搏闯荡，促增长、调结构、惠民生——中国快递展现出异彩纷呈的一页，昭示着光明的未来。

（新华社记者崔俐莎、方益波、叶锋、顾瑞珍、赵文君、郭宇靖）

解读之三：经济"黑马"，警惕"绊马索"

——中国快递业五大焦点透视

低价竞争、快递车辆违规上路、快件安全存隐患……新华社记者调研发现，中国的快递业在高速增长的同时，一系列焦点问题不容回避。有人因此发出疑问：中国快递业还能火多久？

焦点一："以价换量"的发展模式亟需改变

2015年一季度，中国民营快递企业业务量市场份额占85.6%，业务收入市场份额占75.3%。

快递火了，新注册的小微快递公司不断涌现，大型民营快递企业依托加盟模式迅速扩张，一些地段的加盟网点转让费达100万乃至上千万元。

然而，记者调查发现，全国有1万多家快递企业，具备全国网络的企业近70家，不少公司处于亏损状态。

"一家依靠风投不断注资的企业一年亏损5亿多元。"业内人士透露。

据业内统计，快递单价近年来不断下降，2005年平均单价为27.7元，到2014年只有14.7元。在劳动力、油品等快递成本要素上涨的情况下，这种低水平的扩张难以维持。

国务院发展研究中心研究员魏际刚说，中国快递业务量世界第一，但"以价换量"的发展模式亟需改变。

记者走访了众多民营快递企业，很多企业表示，从表面看企业靠低价抢占市场份额，而深层次原因则是，处于下游产业的快递缺乏对其上游产业电商的议价能力。

"我们对电商又爱又恨。"一家快递企业老总直言。

以"三通一达"为代表的民营快递企业对电商的依赖程度高，70%以上的业务来自淘宝等电商平台。在淘宝等电商平台，绝大多数卖家注明只发"某某快递"。对于广大消费者来说，网购选什么快递，电商说了算。

快递物流咨询网首席顾问徐勇说，谁控制了快递的发货权，谁就控制了快递的服务资源，而不仅仅是快递的服务能力。快递行业的竞争已经由快递服务能力的竞争向快递上游的发货权竞争转变。

商务部产业国际化战略所所长张威认为，快递业很多需求来自于电商，电商也依托快递迅速扩张，但是电商和快递的关系还有待理顺。

焦点二：行业大而不强

"中国的产品可以出口到全世界 200 多个国家和地区，但没有一家国内快递企业能送达，只有国际快递企业巨头可以。"魏际刚认为，我们全球性的快递体系还没有建立起来。

国家邮政局发布的 2014 年快递市场监管报告指出："发展模式较为粗放，行业大而不强。"

张威说，整个快递业的发展滞后于全球化进程。产业组织结构不合理，而且业务模式比较单一，网络化、一体化服务能力不强。

徐勇告诉记者，我国快递包裹的增长量超过美国联邦快递和 UPS，而快递业的收入只相当于它们的 1/8 甚至 1/10。

"你问快递什么时候到，快递员说大概明天或后天，具体时间不能精确到上午、下午甚至小时。"在徐勇看来，没有精准的时间标准，成为制约我国快递业可持续发展的关键问题。

"没有快递产品的相关标准，造成实际上无法监管。"徐勇认为，作为现代服务业，快递业应该建立精细化的标准体系，这也是影响行业做大做强的重要因素。

焦点三：行业诚信体系尚未建立

"不规范经营、损害消费者利益、安全问题，快递的诚信体系还没有建立。"江南大学副校长金征宇说。

国家邮政局对 2014 年快递业消费者投诉做了统计，每百万件快递包裹中，有效申诉最低为4.6件、最高为62.8件，差距达十几倍。延误、丢失、损毁仍是消费者申诉的突出问题。

根据国家邮政局的快递包裹寄递规定，快递企业要对包裹进行验视后方能寄递。

而据快递物流咨询网的抽样调查，90% 以上的客户不愿意配合快递员验视快件。一些快递公司对是否严格执行开箱验视，也往往是"睁一只眼闭一只眼"。

"快递包裹里是什么？究竟值多少钱？丢了如何赔偿？在收寄验视制度没有贯彻执行的情况下，容易相互扯皮、引发纠纷。"徐勇说。

根据邮政法相关规定，没有保价的包裹，一旦丢失按快递费用的 5 倍赔偿。一些基层网点的快递员告诉记者，绝大多数用户都抱着侥幸心理寄快递，很少有保价的。而实际上，因为丢件引发法律纠纷的，并非个案。

我国首部强制性邮政行业标准《邮政业安全生产设备配置规范》将于 2015 年 9 月施行。标准分别从消防、隔离、监控、安检、报警等 6 个方面对快递企业营业场所和处理场所安全生产设备的配置进行了明确规定。

"强企业首先要强监管，尤其要强化对行业的安全管控。"国家邮政局智库专家邵钟林说。

焦点四：行业"用人荒"如何破解

"我现在最怕看到媒体炒作快递员'月入过万'的消息。胃口被吊得越高，我们就越留不住人。"一家快递网点负责人对记者坦言。

每逢电商大促、快递包裹"围城"，快递员人手短缺成为常态。高端管理人才缺乏、一线快递员流动性大，未来谁来做快递员？人才问题成为快递业发展不容回避的问题。

记者走访了众多快递企业的加盟网点发现，企业的用工成本已经超过运营成本的一半，且每年以 10%—20% 的速度上涨。快递员流动性高得出奇，差不多每年要换掉一大半，每年"双十一"前快递员辞职是常态。

不仅一线快递员经常出现用工荒，快递企业在经营、管理、技术各方面，都存在人才短板。

记者在调研中发现，一些民营快递企业还停留在家族创业时代，主要依靠创始人的眼光、魄力和独断从事经营，优秀的职业经理人队伍少之又少。即使高薪引进的人才，也因为不适应其家族管理风格，很难留下来。

焦点五: 给予快递车辆合法地位还需等几时

一家年业务量超过 10 亿件的大型民营快递企业负责人告诉记者，全网系统每年因车辆问题被查扣罚款的金额超过 5000 万元，"这还是保守估计"。

根据我国道路交通安全相关规定，客车不能装货，货车不能进城。然而，一些快递企业把依维柯、金杯等客车拆掉座椅后运货，被相关执法部门查扣自然是家常便饭。

记者了解到，有些城市制定了快递运输车辆的技术标准，并向各快递企业分配了购车指标。但是，由于众多民营快递企业采用加盟制模式，总部拿到的指标，无法让下面的加盟商购买，致使不少快递车辆指标实际上被浪费。

快递最后一公里的配送完全依赖电动三轮车，在很多城市被禁行，在快递员送货途中经常被执法部门查扣。

业内人士建议，对快递车辆的相关政策适当放宽，实行统一标识和规格，上牌备案，加强管理，并协调相关保险公司开辟新险种，为事故后赔偿提供保障。

"彻底解决快递车辆的合法性问题，不应该再拖延下去了。"多家快递企业负责人如此表达期待。

（新华社记者崔俪莎、赵文君、方益波、叶锋、顾瑞珍、高亢）

组　　稿：张振明　阮宏波
责任编辑：郑牧野　郑　治
版式设计：周方亚

图书在版编目（CIP）数据

部长访谈录——"十三五"规划热点面对面／新华社中央新闻采访中心　编 .
　－北京：人民出版社，2016.3
ISBN 978－7－01－016007－8

I.①部… 　II.①新… 　III.①国民经济计划－五年计划－中国
　－2011~2015－学习参考资料 　IV.① F123.394

中国版本图书馆 CIP 数据核字（2016）第 051901 号

部长访谈录
BUZHANG FANGTANLU
——"十三五"规划热点面对面

新华社中央新闻采访中心　编

人民出版社 出版发行
（100706　北京市东城区隆福寺街 99 号）

北京新华印刷有限公司印刷　新华书店经销

2016 年 3 月第 1 版　2016 年 3 月北京第 1 次印刷
开本：710 毫米 ×1000 毫米 1/16　印张：19
字数：253 千字　印数：00,001－20,000 册

ISBN 978－7－01－016007－8　定价：48.00 元

邮购地址 100706　北京市东城区隆福寺街 99 号
人民东方图书销售中心　电话：（010）65250042　65289539